#WhyEmotionIsNotASubject

點解學校——
無教過情緒科

崔柏 著

enlighten
&fish 亮光

推薦序

從小到大，在香港的教育制度裡，我們學習如何考試測驗，如何準備自己將來工作，卻從來沒有學習過如何照顧自己的情緒，諷刺的是，長大後我們都發現情緒是必修的一課：如何面對喜怒哀樂，如何經歷生命中的起伏，才是我們一生的功課。

情緒本來就是自然不過的事，擁有精神健康亦是每個人不可或缺的權利。

也許我們從來沒有想像過，假如學校設有「情緒科」，世界會變成怎樣：也許我們會更有勇氣去面對原生家庭的困難，也許我們會更懂得跟生命中相遇的人互相了解，又或者，我們會更有智慧去跟自己誠實地相處，活得更加坦然、自在。即使生命中充滿困難，環境佈滿挑戰，令人難過的事情天天上演，若我們懂得照顧自己的情緒，我們便可有更多力量，去回應生活中的難題，更有空間去發現不同的可能性。

看著作者這些年的成長，百感交集，願意走進人群的臨床心理學家不多，很高興作者以落地易明的方式跟大眾分享情緒健康，笑中有淚，輕中有重，輕鬆同時不失專業的嚴謹。

希望你從這書得到一點啟發。

麥穎思 Winnie
說書人 StoryTaler 共同成立人
香港中文大學心理學系教授

推薦序 preface

　　「形象改造」是我的專長，每個人的外表都可以藉由我一雙手去「改造」，臉上的瑕疵可以利用遮瑕霜修飾，但在每張臉孔的底下卻有著屬於他們的故事，伴隨著成長與經歷慢慢化成心靈上的缺，當然未必每一顆心靈都「遍體鱗傷」，但這些記憶深處裡的「回憶」，也總曾在某一個瞬間令我們在生活裡變得卻步或膽怯。

　　在這個社交媒體資訊氾濫的大時代底下，漸漸模糊了生活與虛擬網絡的界線。而在人云亦云的大洪流裡，如何在大眾裡「做自己」，卻變成了現代人一環重要的課題。平常予人專業又刻板的心理學，在作者筆下以幽默又「貼地」的方式重新演繹，字裡行間帶領讀者學習自愛與反思。

　　在現實生活中與作者早已是相識多年的關係，平常通過與作者本人之間的互動，讓我了解其實每個人內心都有著不同程度的「問題」，原來我們內心的情緒也需要被聆聽被了解。

　　此書適合每一位值得被愛的你和我，透過作者的文字彷彿為情緒找到了出口，讓我們與過去的自己共存，也讓我們學習愛自己多一點，了解與坦承自己情緒上的「需要」。

識咗你咁耐真係好開心你終於做到你想做嘅事
你嘅文字真係會幫到好多人
雖然你滿口 mean 嘴
但內心無比善良
多謝你

RickyKAZAF

序 preface

「到底點解學校無教過情緒科呢？」

作為一個小小的臨床心理學家，從當年實習到今日有了少少年資（係年資，唔係年紀 OK ？我好細個就出嚟做嘢！LOL），這個問題重複又重複的出現在腦海。

兒時在學校讀的課程，如果不是當某些專業，其實很多都沒甚麼大的實際作用。畢業之後我沒再理過到底街上面的是否多年生雙子葉植物；亦只是看《宮心計》時才記得唐玄宗其實是武則天的孫兒；而當年死命地背到滾瓜爛熟才去考試的勵精圖治國策，到底是大興水利還是推行科舉，早已全還給老師。

大個都用唔到
唔用就唔記得㗎啦

可是，從成長開始面對的傷心失望、擔憂憤怒，好像除了 Wyman 與林夕，從來沒有甚麼人去教我們如何面對與處理。明明無論我們在甚麼階段，做甚麼崗位，都必會面對現實壓力與相應的情緒、都會糾結於人際與相處，只要是繼續做人就會需要學習嘅情緒科，偏偏從來都冇讀過。

你老公係你初戀情人都有情緒㗎
都要打 HPV 疫苗㗎

可能你會說，這些東西是父母教的吧。Well，前提是你肯定你父親娘親識？真相可能是其實父母都在情感被忽略之下成長。君不見有些父母就是用自己成長的方式與子女相處；又或是以另一個極端去講⋯⋯

 # 我一定唔會好似我阿爸阿媽咁

但偏偏其實矯枉過正。就算在這個小學已經叫你學豎琴、冰上曲棍球都大有人在的世代，情緒科依舊被忽略。所以惟有用這本書作開端，將那些年沒學過的情緒處理一一分享。這絕對不是一本通書，亦不是看完就能保你好人一生情緒平安。只是作為一個引旨，去講那些情緒調節也好、人際關係也好的101。

如果大家都懂得處理自己的情緒多一點，就算這個社會再風雨飄搖也好，也許都會和諧一點，快樂一點。OK，其實講到底，我都只是想工作可以做少一點。

 # 冇咩嘢我出番去做嘢先
 # 祝大家開學快樂

content

14 感覺來得比人多比人強 # 唔係我想㗎 OK？

18 你可以唔同意我的意見 # 但唔可以否定我的價值

21 做到最好 # 其實好無謂

24 做到自己的最好 # 有需要咩？

27 錯就要認 # 打梗係唔好企定

30 就算冇嘢特別叻 # 你都係好有價值㗎

33 就算你做得唔好 # 都係值得畀人讚？！

36 唔知自己有咩感覺 # 問你個 BODY 吧

40 情緒調節像極愛情 # 都怕太感情用事

44 錫番自己 # 原來好多人都唔識

48 諗嘢同情緒一樣 # 唔係到你控制有冇㗎

51 不安時需要的是 # 見到其他的可能

55 擔心的人總是忘了 # 一件事還一件事

59 其實一刻嘅想法 # 點會代表永遠

63 就算你做不了一百 # 都唔等於你係零

01

PSY1001
情緒調節 101

PSY2001
阿爸阿媽沒有告訴你的事

02

72 百行以孝為先 # **但你嘅需要呢？**

75 阿爸阿媽沒有告訴你 # **你點都係抵錫的**

78 勤有功戲無益？ # **其實玩係必要㗎**

82 天生本來就要唔同 # **點解要同兄弟姊妹比**

86 你係人哋個仔女 # **但你更是你自己**

89 你的父母如何 # **你的伴侶亦會如何？？！**

92 成長沒有告訴你 # **戀愛都要用腦的**

97 細個唔識而家識 # **你的感覺係寶唔係草**

＃ 03

104 就算錯不在你 **# 工夫還是需要你做的**

108 點解一直冇學過 **# 愛你有幾深嬲你有幾真**

111 想改變一個人？ **# 勸你最好諗清楚**

114 憎到想一個人死 **# 其實係為了保護自己**

117 **# 要拚命無羔** 其實冇人想㗎

121 要時時控制所有？ **# 其實只是心很怕**

125 不安同跳樓機一樣 **# 都係要慢慢慣**

129 吹水認叻嘅背後 **# 其實係一顆脆弱的心**

133 我衰我差我唔好 **# 竟然用嚟保護自己？！**

137 **# 避一時係合理** 避一世卻會唔再有人理？！

141 長滿尖刺人人離棄我？ **# 傷人其實都係保護殼**

146 點解冇人教過我 **# 咩關係原來都會有不滿**

150 在你要求對方之前 **# 請你先諗清楚你想點**

154 從小最應該學的英文字 **# 其實係拒絕人的 NO**

158 拒絕唔想要的 **# 記得唔好遊花園**

164 人際關係上唔諗自己價值 **# 可能最後會好憎自己**

168　我明白點解你咁做 # 唔等於我唔應該有感覺囉

172　最包糖衣的勒索叫做 # 我錫你所以你要錫番我

176　你以為嘅玩下咋嘛 # 可能係推人去死？！

180　你真的不是對方肚條蟲 # 別做關係上的老屎忽

184　# 有安全感的人際關係 叫你想父母點對你

188　你的內心很珍貴 # 讓人內進請小心

192　其實照顧人之前 # 係要先照顧自己㗎

196　# 安撫身邊人 其實係要有方法的

199　安撫身邊人 # 好似塊鏡咁？！

202　的哥沒做的安撫方法 # 道出你情緒

205　安撫身邊人最終章 # 又再限聚仲講對錯？！

209　支援人地情緒 # 有時真係要界空間的

213　其實我愛你 # 係唔怕接收你嘅情緒㗎

216　當我們都失望傷心 # 那就一齊找愛吧！

＃04

PSY4001
亂世中的生存之道

222　世上唯一唔變嘅 # 就係所有嘢都會變

226　衰得嚟都可以有好 # 差在你肯唔肯睇到

230　疫情下心情要變好 # 其實係要逼嘅

233　點解學校冇學過 # 失去之後咁點過？

237　失去已經夠慘 # 仲要自己內疚？！

241　睇負面資訊如飲酒 # 係會到頂的

244　用愛來給自己 # 告別壞的一年

#PSY1001
情緒調節101

從細就該學點應對
自己的
情緒 101 課程

大家好，歡迎你來到第一個課程，情緒 101（哈哈，你有幾耐冇聽過開學第一日嘅開場白？幫你緬懷一下……LOL）

很多人問如果真的要去上這門情緒科，到底該從哪裡開始呢？該是辦公室被變態上司折磨的情緒求生法，還是如何做到梁靜茹般分手快樂之餘，還能祝你快樂，你可以找到更好的無痛失戀術？如果你是在找這些的話，對不起……

你搵錯隔籬喇

要面對壓力、失戀、失學、失業……（下刪一百個情況），情緒其實真的不是你敵人，反而它是你在面對這個風雨飄搖世代的最佳伙伴。所以，第一課入門課，我猜最重要的目的，在於令你明白，可能因為天生、可能因為成長經歷，可能兩者都係，使你有這麼多的情緒與感覺。

　　你的感覺其實很合理，而情緒不是 COVID-19，不是要清零滅絕的。

＃ 即係要面對自己感受囉

　　喂，就算你覺得自己識，都唔容易㗎。

　　特別在這個不談感覺，只談實際的社會，學習面對自己的情緒本身已經不易，當然該由自己出發啦。希望這第一節課，能給予你一些提醒、一些反思、一些方法去面對自己的感覺，那我的 course evaluation 應該可以自己給自己一個 A！（原諒我這本書都會繼續厚臉皮，喂！有做就值得讚啦～唔明嘅睇落去啦！）

　　祝你上堂快樂。Let's Go ～

感覺來得比人多比人強
 # 唔係我想㗎 OK ？

　　做了那麼多年人，在那麼多群體中生活過，你總不難發現，有些人的情緒與感覺總是來得比別人強、比別人多。明明同一件事，有人會崩潰痛苦、典床典蓆；有人卻會一笑置之。而自然地，膝頭對上的那隻「比」又會出現，不論是你自己，還是身邊人都可能贈你一句：

你咁都唔開心
好小事啫

　　（你以為呢一篇想叫你肯定人情緒？啱一啲但又唔係中晒，睇落去先啦）今次想講的，其實是沒人教過你，人的情感原來天生強度就有唔同。

14

明白別人不等於要否定自己感覺，但可能下一個你會問的問題是，佢個處境，不論是分手、失業、唔見咗個 iPhone、見到隻好大嘅老鼠……（下刪一萬個處境）

我都試過啦
使唔使咁大反應啊

看似多麼正常的類比，明明我都有經歷過，你怎麼反應大那麼多呢？社署都話「解決問題我得，你都得」；明明我同你都唔係差好遠啫，為甚麼你情緒那麼強呢？於是，我們容易得出的結論是：你真係 Drama Queen、小題大做，引人注意吧。

絕對不是要你怪責自己有這個想法，因為真的不容易理解怎麼同一件事有人表現得那樣瘋狂，與自己差別那麼大。這一篇就是想告訴你，其實是可以解釋的。因為世上原來有樣東西叫：

情緒敏感度

即係猶如有人飲一兩啖酒就紅都面晒，有人卻整枝 Vodka 隊都面不改容；有人郁兩郁就大汗淋漓，亦有女生跑足十分鐘都不灑一滴汗。研究告訴你，情緒其實亦一樣，本身基因與腦部的結構天生就已經令有些人會有比人強的情緒、有些人則會沒甚麼反應。你看有些 BB 於全家在「碰、上、槓」的環境中

還是可以如睡在蓆夢思一般甜，有些 BB 卻關門大力些許就已經驚到大喊。

同人唔同命

其實情緒敏感好辛苦，不但情緒容易被喚起、喚起時強度又比人高、持續時間又比人長。你諗諗整天都要如 Liza 姐玩碰碰車般個心離完又離是何等的累人；又或是常常眼淚直流，然後還要被人說你沒有這資格，別又來心碎。

鼻敏感、腸胃敏感，大家都會體諒你，會遷就你，甚至送你空氣清新機、叫餸會就你叫得清淡一點；偏偏情感反應強就畀人

標籤做 DramaQueen

條命生得好的，遇著好人好事好父母，當然能安然渡過；但一個不好運，遇著打你甘傷你深的父母，情緒的波濤洶湧便如山竹襲港，把內心吹得支離破碎，於是一個又一個的保護殼便裝了又裝。

你咪學下控制囉

唔，學調節情緒是每個人必需的一課（唔係就唔會叫《點解學校無教過情緒科》啦！）但人家情緒那麼強烈，學嘅努

力、要克服的困難真的多很多。即係你叫人學游水，你就在泳池學，人家就八號風球在海入面學，你還要問怎麼他學得那麼慢？

所以講到底，都是想大家知多一些科學、知道有些人的而且確情感會比人強烈很多，從而給多一點愛。無知不是藉口，因為你睇到這裡已經知道了，OK？

情緒調節 101
嘴賤也要有根據
你都唔會叫人做咩唔控制下自己個鼻
做咩咁敏感啦
細個又冇人講

我猜香港的動盪令好多香港人都心情跌盪，而其中一個原因，就是與家人，或是朋友，因為社會的事情意見有分歧。

可能是你阿爸不認同你上街、可能是你朋友覺得人不應該暴力、可能是三姑六嬸覺得香港很亂。而就算你發了脾氣、講到氣咳口水乾，好像他們還是不認同你。而你覺得眼前的親人朋友變得陌生，甚或覺得以後不如不見。但為甚麼呢？

大部分香港人，都是在一個服從式的教育底下長大，從小時候就被教導，要尊重長輩，要尊師重道，小時候聽媽媽講得最多的是：「你要乖、聽老師話、你要聽大人話。」「聽話」就是乖、「唔聽話」就是曳。

 # 我哋從小就被訓練將同意別人與自己的價值連在一起

18

你會發現沒有古語叫你勇於表達自己，勇於不同意別人，因為在古時，直言表達是要死的。所以唔同意皇上，是要「死」諫。你亦不見得死諫完，會有人作個四字成語歌頌你。

所以我們都怕表達自己的意見，因為如果別人不同意我的意見，就猶如不同意「我」，好像我是差的；又或是我們會覺得是對方問題，對方是「差」的。你如果去參觀一下外國的學生與香港學生上課的分別，很多時你會發現，外國的學生是要爭著答問題的，但香港的學生多數都是即時「迴避過眼神、先偷偷喘氣」那般不要驚動老師。

所以當我們真心有事情想表達，包括對切身政治的看法時，而對方又不同意，我們都陷入即時 hang 機狀態。我哋會變得極度憤怒或是不開心，因為對方否定我們的意見時，好像都否定了我們自己的價值。又或者，我們否定對方意見時，都好像要否定埋他的價值。

其實你唔同意我的意見
唔等於你唔同意「我」

所以當我們因為時代不同、背景不同、經歷不同、資產不同，而對某些事有不同看法時候；我們會憤怒，會不高興，但只要解釋過自己的立場、了解過對方的因由，我們也不一定要說服對方。因為世界之所以美好，是因為它不單一。

更重要的是，我們要提醒自己：他不同意的，是我的意見，但我還是我，我還是有我的價值的。同樣，我不同意的，是他的意見，但我還是愛他的。

情緒調節 101
辛苦你了香港人
人哋唔同意我意見
其實好正常
唔通聽晒你話就叫愛你叫孝順咩
其實有啲人永遠都說服不了
了解過就好
辯論嘅精髓
最緊要愛自己
你還是很有價值的
你是最好的你知道嗎

做到最好
 # 其實好無謂

　　這些年來，見了那麼多帶著無比痛苦與煎熬來看心理的人，不難發覺有很多共通的地方。

　　有些說話，有些道理，自覺日復日，對不同的 client 重複了十九幾萬次，因為要幫他們突破那些思想的框框。

　　原來有些社會價值、有些哲理，我們「細細個就聽過呢個名」，潛移默化地變成了自己的原則，怎知原來有很多不合理的地方，最後卻被這些價值搞到痛苦不堪，慘過信邪教！性交轉運都只呃你兩次三次，這些價值分分鐘呃你一世，你都不要說不用驚。就在此分享一下啦。

　　最常見把自己鞭打到血流披面的價值是……

 # 我要做到最好

可能此刻的你心入面有無限個黑人問號？？？做到最好有甚麼不妥？明明老豆阿媽都這樣說；老師又是這樣教；連 TBB 大台都是這樣講。

Well，首先要搞清楚一件事：到底是「做到件事的最好」還是「做到我的最好」？兩者有很大分別，卻又同樣地有點大鑊。先講……

做到件事的最好

這個 idea，年中真是做死不少的人。首先要問的是，為何你覺得事情完全在你控制範圍之內？天時、地利、人和從來缺一不可啊，我出了一張 One World Business 機票之後都覺得完全在我掌握之中㗎，plan 好所有計到最好，結果呢？一個新冠肺炎我要 cancel 那張飛啊……（淚崩中……**# 你由我喊一輪啦**）

就算我們預備得有多好，事情還是可以有差錯的，「意外意外，就是意料之外」，你不會沒聽過 Do 姐的名句吧？所以打從根本我們就不應預計事情會做到最好。Sammi 演唱會都會失聲啦，那事情是否最好呢？一定不會啊。

行事在人成事在天

但是否立馬變得差到貼地？那又不是啊，反而又有一些意外的感動。要知事情要變最好，有太多不能控制的因素，要盲目追求最好，大多最終都會損手爛腳。

咁咪好消極囉

不期望它是最好，又不等於甚麼都不做，又或是完全 hea。夠好，不就是足夠，是一個比較可取的態度嗎？

做到件事夠好

而又不吹毛求疵地追求最好的結果，讓 Life Do The Rest，人生會輕鬆一點。當事情做到足夠的程度，接著便放手吧。你的情緒與壓力會好一點，而很多時候，當你舒服一點，你又會發覺結果反而又會好一點。

情緒調節 101
#PART2 之後講
那些令你痛苦的人生哲理
完美主義其實真係死好多人
每日見證著睇心理的人被鞭至血跡斑斑
夠好咪得囉
個個都要最好
唔通個個都變最好咩

做到自己的最好
 # 有需要咩？

上文講到，「做到件事最好、最完美」是搵自己笨的人生哲理，因為中間有太多事情我們控制不了；那可能你會說，盡自己力、做到自己的最好就可以了吧？

其實都是很易會中伏，而弄到自己遍體鱗傷的。常常見到睇心理的人，因為做不到自己的最好而狠狠地怪責自己。其實做到自己的最好

係需要睇 Context 的

要知道我們的能量與心力是有限的，如果你只是在一件特別的事上，而非常規性地要求自己做足你的 100 分，例如你去考會考（老人家過期用語，而家應該係 DSE），考試那刻你會要求自己做到自己的最好；又或是求婚的一刻，你希望能

用盡你的心思去感動對方；那這些當然沒甚麼大問題，縱然如果你有幸經歷過的話都會知是多大的壓力。

但如果你生活中樣樣事都要做到自己的最好，包括你人生的每個角色：做最好的女兒、最好的母親、最好的伴侶、最好的下屬……Oh Come On James~ 你應該每天都疲憊不堪，甚至被折騰得體無完膚。

去奧運都會留力等決賽，更何況人生的長跑？

#CHUR 得太盡
 # 緣分定必早盡

精明的投資者都會叫你留意住市況，分散投資，因為你的資本不多。我們的精力心力也是好有限的，全投放在一件事做到最好、顧此一定失彼；樣樣都 100% 地投資，到頭來只會弄至破產。只是損失的不是 $$，而是你的精神健康，辛苦那些壓力爆煲而誘發驚恐症、抑鬱症的人。

當你時時要求自己做到自己的最好，當結果做得唔好，或是沒你想像中的好，你便會很容易墮入「我冇用」、「我做得唔好」嘅牛角尖負面漩渦。最大的陷阱是：

 # 當你慣了要做到自己的最好
 # 不是最好便會變成不好

而更重要的，是當最好變成理所當然，你就會忘了要犒賞自己的努力、慰勞番自己完成了了不起的工作。

　　所以，結論係：做到足夠就好了。

情緒調節 101
那些令你痛苦的人生哲理
完美主義其實真係死好多人
你 CHUR 夠了未
其實你已經很了不起
放過自己一下吧
做夠咪得囉

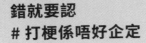

錯就要認
 # 打梗係唔好企定

　　除了完美主義外，最常見於香港的另一個變態人生哲理，就是錯就一定要罰。如題所說，社會一直告訴著你，事情錯了，不被狠狠地鞭打都應該被好好的罵。就算沒有被罵，你自己不切腹，都應該帶住一大束荊棘來謝罪。但你又有沒有想過，這種 value 變態得來其實不太 make sense？

　　這種 Punitive 的價值通常在比較講求群體的地方會多見一些。小時候被人醜你、被人打的時候，你又有沒有問過點解？為甚麼錯就一定要罰？可能當時，你父親娘親，又或是老師都會講

唔打唔知錯
唔痛你唔記得

Well，這種說話跟變態強姦犯要咬你來留下烙印一樣，只是直覺，而不完全是事實。

海量的心理以及學習的科學研究都指出，要一個人學習力提高，單靠壓力與恐嚇，不單沒有長遠的效果，更會帶來更多心理問題。又打又鬧去罰一個人，心理上又叫 Positive Punishment，即係加於不想要的來懲罰，去杜絕某些行為，短暫 work，但長遠會使人崩潰。就算你是森川葵，你不會覺得有人學東西學技能一次就識吧？

世界沒有多少個方國珊，也沒多少個宋楚瑜；要屢敗屢戰而又不崩潰，其實一點也不容易。所以荊棘滿途的人生學習路上，要真正幫助一個人，不論是學道理還是技能，要的是：

鼓勵與支持

老土？係喫，不過真理就是老土的。可能你又會說：「我唔罰佢，佢點會懂得承擔責任？」喂！不罰不等於不需要解決問題喎。只是我們很多時候都買大送細，逼人承擔責任之餘再隨團附送冷嘲熱諷、羞恥打罵。其實往往我們自己做錯事的時候都已經驚到個心離晒，已經極其難受，補鑊的時候真不需要再被多加一腳。

我希望你有幸感受過，在你做錯的時候，曾經有個人會關心你的感受，而同時間協助你負責任。是協助，而不是代你負責任。這樣反而你會成長得更好更快，而心靈上又得到安慰。

其實錯就要罰的最大後遺症是：

連自己都覺得要懲罰自己

你不會知道的是，很多來看心理的人，其實都有這個鞭打自己的模式，令自己陷入「我錯」、「我該死」的境地。所以記住，錯是要認要負責任，但都要體恤自己的感覺，不需要再打多自己幾下啊。

情緒調節 101
那些令你痛苦的人生哲理
打就梗係走人啦
其實好多時打同鬧都是當事人為了洩忿
唔係為咗幫你成長呢
關心先令人學到嘢又有成長
通常好似啲中文老師咁
循循善誘型

就算冇嘢特別叻
你都係好有價值㗎

你有沒有曾經聽朋友講過，又或是自己都覺得：「我真係冇樣嘢叻。」

甚至在 Facebook page 留言的人都有形容自己「好廢」。而當有這個想法的下一句，會不會是「我冇價值」呢？在香港這個社會，又或是通常人口多的社會

我哋都習慣要爭

要不斷爭上位、爭資源、爭地位，因為僧多粥少，今日唔爭就怕聽日唔會再有。正正因為這樣，整個社會都告訴你，一定要比人叻；當你未出世時你娘親就已經要你「贏在射精前」；上學不夠別人彈琴叻就要運動比人好；畢業了你沒人有錢都要比人有學識，沒那麼多學識都要比人老實。在不斷的比較下，潛台詞就是：

你一定要有嘢叻

喂，大佬！你有沒有想過這樣其實很瘋癲？讀過統計的都會知，其實甚麼能力都是一條 normal curve，即是最頭最尾都係最少，而絕大部分人都是在中間的「AVERAGE」。

可能你又會話：「一樣嘢唔叻啫，可以喺另一個範疇勁㗎！」殘忍的真相是，研究會告訴你，跟香港有錢人會越有錢的道理一樣，叻的人通常都不止一個範疇比別人強，因為很多特質其實都是有關聯性的。例如你有錢，就會容易得到多些資源，眼界又會容易闊一些等等。所以其實

大部分人都係冇嘢好叻

但那是否就代表沒有價值呢？那世上九成人都不會有價值吧。很可能在你成長過程中沒有人話過，或者令你感受過這個道理，但聰明的你一定會知：叻與價值其實是兩回事。如果你有幸有愛你或者你愛的人，你就會明白，對方的存在本身就是對你的價值。不需要驚天動地，不需要人中之龍，因為

你的存在對我很重要

所以下次你又覺得自己冇價值的時候，不妨想想你身邊的人，如果你消失了，對方會有感覺嗎？你真的對他一點也不重要？

\# 情緒調節 101

\# 那些令你痛苦的人生哲理

\# 阿爸阿媽沒有告訴你的事

\# 當社會盲目地追求人人都叻

\# 好 OLDSCHOOL 啊

\# 叻我至叻其實好多時都係為了掩蓋自卑

\# 找到使你自信的人

\# 自然會一直動人

\# 你的存在就是價值

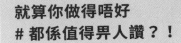

就算你做得唔好
 # 都係值得畀人讚？！

你有多久沒有被讚賞過？

我估如果你在香港成長的話，否定應該對你來說一點也不陌生。因為香港人習慣快狠準，當你如《少林足球》田雞般秒秒鐘幾百萬上落，你會渴求每樣事情都順暢順心；當你忙到甩轆時，很正常地大部分人眼中開始

 # 只看到不對的地方

君不見 # 西客之道的投訴是日日新鮮，但問心一句，讚賞呢？你有見過一個 page 係 # 正客之道嗎？耳濡目染下，唔難發現其實好多父母都係咁。問下你自己，你細個有多少讚賞呢？其實在每日見的 client 入面，好多都是

 # 完全冇讚賞嘅環境下成長

可能你會話：「個個都係咁㗎，有咩問題啫？」問題在於由細到大，當對你重要的人，都只見到你的不足，而見不到你的好，到你大個了，

你都只會看到自己的不足

你會發現你開始唔相信自己的能力會有人欣賞，甚至覺得自己唔值得、唔配畀人讚……長年累月你的結論就會變成自己不好，自然地心情都不會好。然後好多人便開始猶如自虐地要做得好做得完美；又或是不停的怪責自己鞭打自己。

劍橋的研究又會話你聽（風水佬就呃你十年八年，Cambridge 研究喎……唔係唔信啊？）：其實讚賞才是推動改變的原動力。

然後又有人會話：「咁佢都冇嘢做得好，點讚？」

Come on James，現在這個世代，當國泰都可以突然因為 COVID-19 而將近執笠，當你在黎巴嫩影結婚相途中都可以突然大爆炸，你還未明白世事的結果，好多時都不在我們控制範圍以內？不是做得好才讚啊，而是

有做就已經值得讚

因為我們要看的是過程中那份努力與付出，那些東西不是天跌下來的，而是要辛苦地逼出嚟的。

你細過辛苦地溫書，唔等於你會考得好；
你日日盡心返工，唔等於你唔會畀人炒；
你老公係你初戀情人，唔等於你唔會有子宮頸癌；
你全然付出去愛一個人，唔等於你會修成正果。

但你可以說這些過程，這些付出，這些淚與汗不抵讚、不值得欣賞嗎？

就算是成長階段，你沒有讚賞你的父母、沒有讚賞你的老師，又或者現在沒有欣賞你的上司或伴侶，你都要知道：有努力過就值得被欣賞。至少

你要讚賞自己嘅努力

After a long day，獎自己去食餐好、獎自己去海港城買鞋、獎自己去做你喜歡的事。

你值得有欣賞你努力的人！

情緒調節 101
那些令你痛苦的人生哲理
如果我們都能見到別人的努力
都能欣賞到旁人的好
世界又會美好一點
我亦都可以少啲嘢做
係咪何樂而不為呢

唯知自己有咩感覺
問你個 BODY 吧

你又或是身邊人有否常說「我唔知自己有咩感覺」？然後發現自己好像從來沒有學過，該怎麼尋找或是感受自己的情緒。

你連自己有咩感覺都唔知啊

可能會是責怪自己的內心獨白，亦可能是旁人覺得自己不妥當後不小心插了自己一下。

也許是社會太少講情緒與心理，令大家都覺得了解自己的感覺是天生與應分的。彷彿感覺就是你的手指，你明明舉高隻手就望得到，怎會不知道？殊不知

感覺原來如背脊的那一粒暗瘡

你要刻意去照先見到，但見到就一股「頂……」的唔開胃感覺，你想處理掉但又痛，反正平時著了一件件衫就會遮住，由它吧……有時會好番，有時又會大粒些，但日復日那粒瘡

我們都忘了

於是在沒有人教過，甚至掉轉告訴你感覺沒有用，外加廿個保護殼下，我們都忘了自己的感覺，因為這些負面感覺，猶如叫自己翻睇再翻睇《恐懼鬥室》，根本不好受。即使有勇氣去感受，也不懂得理解自己的感覺。

如果你已經睇到這裡，congratulations，至少代表你想面對你自己的感覺（喂，睇咗咁耐，你應該知道好多嘢都真係唔容易，唔係應分㗎，right？係咪要欣賞自己先呢？）咁點算好呢？

面對沒感覺的 client，很多時候，我們都建議：

一切從身體開始

食齋睇中醫的時候，你都會聽到「身心相連」，其實不是沒有根據啊。研究會告訴你，情緒本身與你的思想及神經系統就是連在一起。而當你有情緒的時候，不論你多想否定你自己的感覺，多努力告訴自己我無恙，

身體還是很誠實

你見工緊張時，肌肉會繃緊、胃會收縮，所以硬晒軚；

你分手傷心時，血壓亦會升高、覺得唞唔到氣，甚至以為被一刀插入你心，其實係 Broken Heart Syndrome。

你被 mean 到羞恥感出晒時，你會面紅耳熱，汗都出埋，然後發現胳肋底兩堆汗跡。

感覺與身體，其實密不可分。

即使你的感覺被重重保護殼包著也好，甚至是猶如進擊的巨人被封印在高牆中也好，最能令你破繭而出的便是身體感覺。

所以，當你不知道自己是否有感覺時，與其去占卜睇塔羅，不如靜下來，畀少少獨處的時間自己，並問問自己的 body，你還好嗎？

情緒調節 101
由身體出發
係由外去到內再去番外
唔係講史坦尼斯拉夫斯基嘅方法演技
係講搵番你感覺嘅方法
所以點解咁多人要身體掃描
靜觀嗰種啊
唔係唔著衫嗰隻啊
唔准成日亂諗嘢

上完堂要做功課 ❶

既然與自己的身體談戀愛是何其重要,不如就在此刻,與它來一趟 Romantic Date～

最好就是嘗試到 YouTube 打「身體掃描」四個大字,聽著其中一段錄音來做。也許你會感覺到身體正拚命地想告訴你它的感覺是怎樣!

不妨現在找個舒服的位置,靜下來。慢慢從頭開始,感受此刻身體的感覺,與自己身體溝通,直到腳指尾吧!做完記得到 IG 告訴我你的感覺噢!

情緒調節像極愛情
 # 都怕太感情用事

你有否試過有時候跟著感覺走，卻撞至焦頭爛額？明明情緒指我行東，怎麼東邊走來走去也好像一條死巷子？

上回講到不知自己的感覺就可以觀察自己的身體反應；而可能你發現，當知道了自己的情緒後，原來情緒如同 Instagram 的廣告一樣，總是會推動你去行動；不論是 swipe up 還是 swipe left 睇多次，它總是悄悄的推你一把。但

 # 你都唔會 IG 派親廣告你都撳入去咁

你會發現，情緒的確是會叫你做事，但猶如你新返工，公司就出現一個想同你做朋友的同事，到底他是神組員定豬隊友，是不會立刻分得出來；而很多時候，神組員也會做豬的事、而豬隊友有時又會威番一次。所以情緒推動的行動是有效還是令狀況更差，其實真的是要分析的。

感情用事就是諗都唔諗就跟佢走

你打電話給伴侶不通，不安會叫你奪命追魂打多二百個電話，但可能令人煩厭；

你被公司裁員解僱，哀傷會叫你躲在家中不再搵工，但會變永久雙失；

你見到隻蟑螂在家，驚慌會叫你逃走避開，但它會鑽進罅隙，然後生多一個 double；

你打麻雀被截糊，憤怒會叫你梁詠琪式推牌反枱立架生（唔明的話……我哋有代溝，你搵 Google 啦），但明明你在跟未來奶奶打牌中……

你睇，情緒可以叫你直接撞牆。

那你可能會說，既然如此，那就不聽情緒的悄悄話，當它不存在吧。但你大概會知道，情緒也有對的時候啊，只是

情緒是個青少年

如同其他動物一樣，情緒是最直接的反應，往往都被理智來得要快。所以情緒所推動的行動，是衝動的，因為那是求生本能。

你一見到煙，就會驚就會想避想走；
你一覺得嬲，就會面紅耳熱想討回公道；
你一 Hyper，就會想高興永遠不會完。

但你要記住，情緒只是如同《全民造星 III》的林二汶與彭秀慧，只是帶你走到可以生存的位置；能不能將生存變生活，甚至活得精彩，就要用你自己的腦力。

係腦力唔係努力啊
我今次真係冇打錯字

因為我們要知道，情緒調節，就是不要完全聽情緒的話，有時候，思索完行為的後果，我們會不跟情緒走。

但情緒好快喔

對啊，所以你一定撞過板的。你一定有跟情緒走然後後悔的。不過你放一萬個心，因為不單你，我有，佢有，所有人都有。

所以中了伏不打緊，最重要是，每次有情緒以後，能停下來，回想一下……

到底為甚麼有這樣的感覺
想法是甚麼
後果是甚麼

如果你也有很情緒主導的朋友，不妨話佢知，其實情緒所叫你做的行動，只是大部分生物都有的簡單反應，如同流年運程一樣，要小心選擇、不能盡信喔。

情緒調節 101
EQ 是怎樣煉成的
情緒同青少年一樣
唔可以唔理
但又唔可以完全聽佢枝笛
都話生仔要考牌

錫番自己
 # 原來好多人都唔識

在這個世代，世界太多事情發生，每日都面對著不同的情緒。你會因為沒口罩而擔心、因為股市中咗霍亂般瀉到不止而苦惱、因為 home office 日日對住家人而覺得煩厭。當每日你嘅情緒都猶如坐咗越礦飛車（**# 出賣年齡系列**）一樣上上落落，

 # 其實心很累

但原來呵番自己、錫番自己好多人都唔識，甚至不覺得要做。Well，如果你去泰國 JJ Market 行足全日勞役完雙腿，你都懂得要做個腳底按摩；跑完 10K 你都知道要擦回一餐勁；何解沒有用同樣的態度對你的心呢？

其實你的情緒、你的心，比起你的身體，更需要被呵護。偏偏當你問大部分的人，經歷完情緒過山車、有壓力的時候會做甚麼，好多人都會答你：「由佢囉」、「瞓咗佢囉」。原來，

大部分人都沒有學過怎樣鍚番自己，除咗開心買鞋、唔開心買鞋之外⋯⋯

 # 原來我哋都冇學過點鍚番自己

你還記得小時候被同學欺負，你的娘親會怎樣？如果你夠幸福，媽媽可能會買杯雪糕氹你，又或是攬你一下來安撫你的不快；不小心跌一交，媽媽會呵番，甚至係打打個地下或者打打令你跌的東西。人大了，除咗難得放肆地笑，就連這些安撫自己的方式都有意無意地忘了。

其實，安撫自己，最簡單就是由安撫五官入手。看一些靚的東西、點一下香薰、食一些鍾意食的、做 spa 按一下摩，都如同史坦尼斯拉夫斯基的「方法演技」，是由外而內咁呵番自己。不要以為沒有用，又或者不要被「好累冇心情做」為原因阻著自己去做。很多時候，是做完心情才慢慢回來，而不是有心情才去做。鍚番自己，有時真是要逼的。

告訴那個你覺得忘了鍚番自己的朋友吧。說到底，人大了，很多重要的事都忘了，靠的，就是身邊愛自己的人的提醒囉。

情緒調節 101
呵番呵番
香港人很累
心也很累
最緊要愛自己

上完堂要做功課 ❷

即時諗諗如何透過五官安撫自己！在下面的每個感官，都選擇一個活動來呵番自己吧。

當然歡迎自創最適合你的方式！然後同我在 IG happy share 吧！

睇

○去流浮山看星	○去西貢看海
○睇周星馳其中一套電影	○去維園散步
○去香港千島湖看風景	○去尖沙咀藝術館看展品
○去中環 window shopping	○去 YouTube 重溫《全民造星 III》精華
○自創款式：	

聽

○去最近沙灘聽浪聲	○聽林家謙《一人之境》
○聽叱咤 903	○聽滕麗名唱《咕嚕咕嚕魔法陣》
○聽而家任何環境聲 1 分鐘	○上 YouTube 聽「靚聲王」走音一分鐘無限 loop
○自創款式：	

嗅

○去 AESOP 聞不同 tester 味道	○隨出爐時間去麵包舖感受香氣
○燒香或者秘魯聖木	○點香薰
○聞一束新鮮薄荷葉	○買一個薰衣草香包
○去公園吸清新空氣	○去貴價商場坐下來感受香薰
○自創款式：	

嘗

○食最邪惡的 comfort food	○飲杯黑糖珍珠鮮奶
○專心細味一件你常食的食物	○泡一壺熱茶
○去舊式士多買白兔糖或戒指糖食	○感受食香口膠的感覺
○去雪糕店試三種雪糕味道	
○自創款式：	

感

○落海玩水	○浸 Lush 泡泡浴
○捧一杯熱飲在掌心	○攬你愛的人
○開盤熱水浸腳	○去摸一張毛毛地毯
○幫自己細心搽 body lotion	○去海邊感受海風
○自創款式：	

諗嘢同情緒一樣
唔係到你控制有方㗎

　　有沒有對自己說過：「我唔應該諗啊！」、「我唔想諗起啊！」甚至怪責自己：「我仲咩諗嘢咁諗？」而這一堆問題背後，其實都存在一個誤解，就是以為自己可以完全控制有甚麼想法出現。

　　情緒背後，好多時候源於想法陷阱，發現到陷阱，就有機會改變到情緒。但很多人看到這裡，就誤會了……

以為想法出現就係唔應該

　　看了那麼久情緒調節系列，你應該知道，情緒如同暗瘡一樣，不是你叫它不出來它就不出來的。當然我們可以整體上唔食太多熱氣的東西、多運動多飲水，一系列「媽媽是女士」的工夫來減低有暗瘡的機會；但就算你做了所有工夫，你都不能控制那一顆暗瘡究竟來不來……

情緒亦然

你最多只能勤力一點塗暗瘡膏，外加唱多兩句「死啦啲青春痘」，來讓它快點平復。但這次想告訴你的是……

其實想法也一樣

其中一個最大的想法陷阱，就是以為我們的腦海是 NETFLIX，而遙控器在你手。你想睇那一套劇，它就給你那一套；還要是在你想攤在沙發的那一刻才播，更甚至有一套方程式，彈出來的都是大機會你喜歡的東西。少年你真是太年輕了，其實你的腦海

只是剛開發的 Siri

你以為你是控制它，但實情是很多時候它都會誤導自己，再經常性地把你合理的指令變成近磅但卻又不中的意思。你想它告訴你公司去尖沙咀路程時間，它卻告訴你尖沙咀有多少間時間廊；你想在 Spotify 播《東京人壽》，它卻為你找來香港有多少間保險公司有人壽賣（笑咗嘅真實例子）。

Siri 是要被調教的

所以應對想法，不是要怪自己怎麼有這個想法出現，不然你跟時時否定你的那個三姑、與那位叫你想來也沒有用的六婆沒有分別。反之，是要知道想法出現不是你所能控制的，

因為想法是何其自動的產物

可以是因為你的天生質地、成長經歷、戀愛經驗所累積而成。如同你會感到痛一樣，是一種不需要刻意的反應。最重要是我們要知道想法出現之後……

不要照單全收

痛，你最直接的反應是縮。但如果痛是來自做 facial 針清面頰中，你會知道有效的做法是不要動；又或是痛是來自坐得不好（表示自己經常冇腰骨），那你會研究到底是哪個姿勢出問題，而不是不理那個痛。

想法亦一樣，需要接納想法是會出現，但不要以為想法一定是事實、是合理。更有效的，其實是想法出現了之後，審視一下到底想法有沒有陷阱呢？有沒有不合理的地方呢？這樣才是比較能幫到自己去調節情緒。（你唔係唔知想法點影響情緒嘛？）

情緒調節 101
咪再怪自己諗嘢
越叫自己唔好諗
通常只會越諗
不如試下再諗多啲
你可能會發現更幫到手

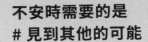

不安時需要的是
 # 見到其他的可能

　　當你不安焦慮的時候，有沒有發覺很多時都只想到一個結果？而往往是

最衰最差的那個

　　想要調節情緒，需要猶如放大鏡般，好好審視自己的想法。因為我們最直接的思想，很多時候如伴侶問你她煮的東西好不好吃一樣，存在太多的陷阱，而不能照單全收當成事實。

　　很多人以為那只適用於不開心，那少年你真的太年輕了。被譽為心理學家界別的根叔，（《愛回家》嗰個啊，你唔睇大台都冇理由唔知根叔有幾計到盡，right？）我推介的當然是老少咸宜、大件夾抵食，又怎會只用在一種情緒呢？其實想法的陷阱，甚麼情緒的背後都可能會有，更常見於你們常問的

不安焦慮搞唔掂

能見到那些想法陷阱，對減低不安是有很大的幫助。不過頭盔要先戴，別期望一個方法就能把你的焦慮不安完全消除，還是要看情況來配合其他的東西。如同無須學歷經驗月薪十萬，或是一粒藥能醫晒主婦手癌症心臟病，世上真的沒有那麼大隻蛤乸的。不過不論甚麼想法陷阱，有沒有發現，當你緊張焦慮時⋯⋯

想法會變得何其狹窄

如同《愛回家》中充斥的第十萬個誤會，（粉絲表示其實半個鐘唔用腦係好舒暢的⋯⋯）人一不安，便很容易覺得事情只剩下最差的那個可能性，然後做的反應與應對都是圍著最壞的那個可能性走。

對見工不安，只想到見工會被問至口啞啞，尷尬得可以；
對出街不安，只想到人群中自己會顯得異相，甚至會驚恐發作；
對伴侶不安，只想到對方最終必會嫌棄自己，繼而用形形色色的方法離開；
對未來不安，只想到將來自己會一無是處，沒有任何發揮自己的機會。

如果想法就是事實，那真的猶如凌晨一個人睇《Walking Dead》，不論是血腥的程度又或是人性的恐怖都令人毛管直戙。但看了先前的文章，你會知道你的想法未必是事實，而更大機會是被成長經歷、失敗歷史等等所塑造的「大台新聞」，也許存在著很多偏頗與盲點。

那不如在你不安時，停一停，問自己一句：

真係冇其他可能性咩

你會發現，世界可能不一樣。可能你又會問那不是阿Q、不是偽正能量嗎？ NoNoNo，我不是叫你硬說服自己事情不是那樣，亦不是要否定你不安的想法，說事情一定不會變成那樣。只是請你全盤去看有沒有證據指向其他的可能性。

如你估股市走向都在心中先有升、跌、平手、先升後回穩等的選擇，才看數據來衡量你買哪隻股票；你預料自己的將來

怎麼就只有跌這一個可能呢

所以要應對不安，除了看到自己的想法外，記得要問自己多一句：真係咁咩？

情緒調節 101
其實真正嘅睇開嘅
係睇到不同嘅可能性
再睇證據
好多嘢睇
其實都係 CBT
但唔止 CBT

上完堂要做功課 ❸

　　都說你的想法很多時其實有陷阱、可能是容祖兒般「想得太遠」、把後果想得很嚴重。真的不安時，不妨過濾一下自己的想法，在下方問問自己：

1. 到底發生咩事？	
2. 我諗緊咩？	
3. 有冇其他可能性？ 有冇證據？	
4. 有冇我諗得咁大鑊？	
5. 咁點算？	

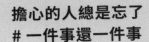

**擔心的人總是忘了
#一件事還一件事**

　　有沒有發現，擔心不安的前因通常是有事發生，後果卻有如火燒連環船，越想越遠，然後覺得自己結局何其慘淡？

　　上文提到不安的時候，如果你看看自己的想法，會發現是何其狹窄地只想到最差的結果，所以我們必須問問自己有沒有其他的可能性。但擔心不安的另一個特性，令人更死去活來的是，

**# 諗法會如褲浪爆呔
越爆越遠越爆越大**

　　擔心的時候，大家都會變了《小孩不笨》的新加坡虎媽，明明一小步的東西，會推敲出多麼遠的核爆式結果。典型的擔心是這樣的：

今次考試唔好，等於之後攞唔到好成績，等於之後畢唔到業，等於之後搵唔到份好工，等於之後娶唔到個好老婆，最後流落街頭。所以你考得唔好就會流落街頭。

我邊有咁誇張

猶如之前所講，擔心的想法是很直接而又未經過濾的，所以唔需要覺得誇張是羞恥的，因為大概我們都有過如此誇張的想法。但人大了可能變成：

擔心工作

畀老細鬧、繼而覺得自己能力差、擔心自己會被炒、擔心搵唔到下一份工、繼而買唔到樓、然後一世都要捱貴租、將來變得很潦倒；

擔心感情

伴侶看見自己不開心卻沒反應、覺得佢不關心自己、繼而擔心自己找不到下一個更好的、推斷自己不值得被愛、永遠都不會有安全感。這一個又一個的例子，

其實普遍得很

要打破這說到世界盡頭的方式，除了上文說的有沒有其他可能；另外就要提自己：

一件事還一件事

你真的不是「后翼棄兵」，也不是諸葛孔明，你真的沒有那麼大的能耐去猜中廿步後的事。就算你找了麥玲玲與李丞責，都是跟你說流年如何，而不是每一步都批你差到貼地。更何況中間可以發生的實在太多，你怎知道沒有遇上一個大師途中幫你擺個桃花陣來邪一邪佢呢？

小時候最有用的數學

要打破這種擔心，不妨用你小時候一定有學過的數學。有 3 個袋，每個袋有黑、白色波各 10 粒。如果由 A 袋抽一個波、B 袋抽兩個波、C 袋抽三個波，而全部波都是黑色的機會是？

如果把你每一個想法都加一個百分比，那你就會發現你的想法有多遠。因為你擔心那核爆式的結局，其實是一個乘了 N 次的百分比、是百分之五的百分之十的百分之五的百分之十的百分之五（歡迎隨意更改數字 LOL），亦即很小很小的可能。

而理性上的理解，很多時候就已經緩和了一半的擔心。那餘下的怎麼辦，之後再分解。（廣告進行中⋯⋯）

時常擔心到很盡頭、會想得太遠的朋友，不是要你唔好諗，而是要有效地想多一點啊！

\# 情緒調節 101

\# 其實與其叫人唔好諗

\# 不如陪佢一齊諗多啲

\# 計下細個學嗰啲百分比

\# 可能你會同對方一齊笑咗

\# 其實有冇人細個好憎 MAT 屎

\# 我係表表姐

其實一刻嘅想法
#點會代表永遠

大概我們都試過把一時嘅想法，當成永遠都是這樣。不論是看自己的情緒、看自己的感覺，又或是看事情發生的可能性，都好似會考咁一試定生死，肥咗就是肥咗。但沒怎麼人告訴你的是⋯⋯

#永遠其實並不很遠

上回講到，想法很多時候自動得很，偏偏又一地陷阱，聰明的你當然知道這些叫認知謬誤（即係諗嘅嘢有唔合理嘅地方囉，你知我最唔鍾意睇完都唔知嗡咩嘅專有名詞）。除了一百與零，另一個老是常出現的寶寶，就是以為想法跟鑽石一樣恆久遠。如果把這個陷阱當成道理去講的話，問十個人，十個人都會覺得顯而易見，甚至係人都知。

想法怎麼可能永遠一樣
係人都知其實男人女人都善變

　　所有嘢都會變，人與事都會變。其實內在一點，你的想法、感覺與情緒其實亦是一樣。但猶如小時候你上堂明明懂得加減乘除，不知怎的到了考試，變了文字題有情景你就開始好「撳」（音：Kick）一樣（自從「唔好啦」之後，愛上了這個詞語，可以充分地表達內心果種态忈）；現實是當有事發生，情緒又「午夜凶鈴」來找你時，好多人都會一次又一次踏進這陷阱而不自知。

　　因為被人欺騙，想法變成人都是信不過，永遠都會有人呃我；
　　因為工作做不好，想法變成我都是真冇用，永遠都不會做好；
　　因為戀愛失敗過，想法變成自己不可愛，永遠不會有人愛；
　　因為一刻覺得自己冇價值，想法變成我真係冇價值，永遠都唔會有。

似曾相識吧

　　但你會發現，這些情況就跟文字情景題一樣，認真去看的話……

你會知道都是陷阱

　　因為一件兩件事，就歸納出一個結論，覺得事情繼續會是這樣。讀過通識，又或是有寫過議論文的話，你會知道這一定不合格，老師會大大隻字寫理據薄弱、立論不足。問題是，當

你不合理地覺得你是永久性地沒用、永久性地不可愛，你就會用覺得沒用、不可愛的方式去生活。

唔科學嘅就叫吸引力法則
科學嘅就叫自我實現

但一如證券價格可升亦可跌一樣，你今日表現唔好，不等於你永遠都表現不好。兩年前又有誰估到 HKTV 市值會高過大台？又有誰猜到 CY 而不是 Manson 會入到十強？（OKOK……唔再講《全民造星 III》啦……）。因為世上有一件事叫學習、叫改變、

叫經一事蔡一智

如果你能夠明白，能力也好、表現也好，甚至樣貌身材也好，你抱著的心態足以影響你的表現與感覺，你就會更明白，你想法中的「以後都係咁」、「冇行冇希望」其實是多大的陷阱。這幾年最著名的「成長型思維」（又嚟呢啲名，簡單講就係「你係變 -able 的」，推介睇佢個 TED（https://www.ted.com/talks/carol_dweck_the_power_of_believing_that_you_can_improve?language=zh-tw）正正是連科學數據告訴你這個道理。

所以當你或朋友有不快的時間，除了審視有沒有非零即一百的想法外，看看想法中有沒有一件事就結論永遠都是這樣的想法吧。可能正正會幫到你或身邊人去調節自己的感覺喔。

\# 情緒調節 101

\# 其實感覺同情緒都唔係永遠

\# 不如下集講感覺會變好唔好

\# 記憶先永遠留存

\# 知唔知咩歌

就算你做不了一百
都唔等於你係零

你達不到自己想要的目標時，你會否即時地浮現出：我廢、我差、我失敗再下刪一百字的形容詞？但你有冇想過，其實這樣的想法，

真係唔多合理呢

感情用事最致命的，就是完全被情緒帶動，猶如獨留理性在家，只聽情緒的呼喚，叫你行東就行東，行西就行西，而好多時路的終點係直奔懸崖。所以說，情緒敲你門的時候，要睇睇你的想法到底是甚麼。而當你冷靜些少去看你的想法時，你就會發現：

陷阱一地都係

也許是原生家庭、也許是成長經歷、也許是戀愛體會,都造就到我們想法變得很自動。猶如聽到「嚇到個心離一離」,你會即時想答「我仲有大把嘢想跟你學」;又或是聽到「咁香園咁香園」,你會想起「買手信買手信」;

想法是多麼的直接與自動

根本不是我們刻意去想出來的。所以我們會說,三姑六婆叫你唔好諗衰嘢、姨媽姑姐叫你睇開啲,其實都難聽過粗口,令你想回一句:我做到就天天開心,覺得新戀愛隨時光臨啦,使而家咁唔開心?

很多時,想法都不由自主的彈出來。所以我們該做的,不是去避開唔諗,亦不是去說服自己明天唔會下雨、肺炎下個月會消失;反而是主動去睇自動的想法。因為你會發現通常都有不太合理嘅地方。其中一個我常講的,就是我們被訓練到:

只有一百跟零

你有沒有試過 IG 投票,只有「是與否」、「正與唔正」,而你根本想揀中間?

你有沒有試過如花姐一樣,覺得 AnsonBean 同阿 John 不能二揀其一?

你有沒有試過(又嚟代溝測試站……)中學考中文,都會有部分正確與無從判斷?

你會發現世界不是大台，好人會好到底，壞人壞入骨。只有小朋友方能活在只有黑與白的世界。人大了，

你會知道世上有很多不同層次的灰色。

你喜歡你伴侶的細心，但他亦有粗心大意的時候；
你喜歡你上司的體諒，但他亦有時變得婆媽；
你喜歡父母給你關懷，但他們亦有很煩的時候。

如果你看得懂、聽得明以上種種，你可以為身邊的人去理解與設想……

怎麼對自己就那麼絕對呢

你一單工作或表演失敗了，不等於你全部都失敗；
你工作不是最出色的那個，不等於你是最差的；
就算你工作 appraisal 全公司排最尾，也不等於你整個人沒有價值。

有用還是沒有，中間有太多層次。如果你願意用對其他人的眼睛去看自己，那你就會發現，你不是一百，但也絕不是零喔。別再一次又一次踏進這想法陷阱了。

情緒調節 101
呢啲就係想法陷阱啦

聽個名就係認知治療一部分
睇心理真係唔係 9UP 㗎
有科學根據㗎 OK
仲有好多陷阱
有機會再講
BTW 係咪講太多全民造星
不過真係好耐冇追電視
我冇收錢賣廣告㗎

emotion

所以說，
情緒敲你門的時候，
要睇睇你的想法到底是甚麼。
而當你冷靜些少去看你的想法時，
你就會發現：

 # 陷阱一地都係

#PSY2001
阿爸阿媽沒有告訴你的事

成長如果早點知道
阿爸阿媽
沒有告訴你的事

上了第一節情緒調節課程，應該多多少少有一點體會（唔准話冇，我小氣會嬲㗎……）但很多時候，看心理的人都會發覺其實有很多情緒，又或是價值觀之所以很難改變，是因為那是一種從小被訓練出來的想法與感覺。

 # 我細細個就聽過呢個名

唔一定只有海外僱傭中心，更是很多對自己、對其他人的認知。原生家庭四個大字原來很多人都識，亦很有感覺。如果不夠味要加鹽是煮飯的最基本；那心理學的最基本也許就是明白成長經歷對性格、感覺與想法所扮演必不可缺的角色。只是，小時候的我們，世界其實小得只有父母，亦未必有空間與智慧去思考到底父母叫自己做的是否合理。

 # 我係你阿爸阿媽
 # 我講你就做啦

　　所以這一節課，從孝順、到兄弟姊妹、到自己，一起重新經歷那些阿爸阿媽很可能沒有教你，甚至教錯你的事。可能你會問，我改變不了過去，亦換不走父母，知又如何？的確已發生的事改不了⋯⋯

但感覺係可以唔同㗎

　　你開頭很喜歡一個人，知多點他實際的個性後，有時你的理智都會使你平靜的對這個人熱度退減啦。所以對自己、對他人的習慣與感覺，還是可以改變的。

　　一齊去看你成長的經歷吧！

百行以孝為先
但你嘅需要呢？

一個常見於 client 的「攞你命三千」人生哲理就是務必要孝順父母。可能你會話，孝順喎，有甚麼問題？問題在於當孝順孝到沒了自己，

其實變了愚孝

小的時候，我們總會覺得父母無所不能（當然如果你好不幸咁細細個就完全冇愛，可能你好細個就已經憎惡佢哋，另作別論）；而父母的說話，彷彿變成了真理。「我食鹽多過你食米」，是多麼的老生常談，不知的話還以為食鹽可以提高智商與知識。

但我們很可能都沒有想過，其實爸爸媽媽可能根本唔識，亦冇學過管教；你睇下近年幾咁多 # 生仔要考牌 的事例就知一二。而可能父母不單管教，

甚至連調節自己嘅情緒都未必識

但多年潛移默化地，父母的說話就是要聽。就算自己覺得有點勉強，都總會覺得唔順父母意、令他們有情緒就好像是錯、是不孝。當然大部分情況都是沒甚麼大問題的，我們最終都會學識如同所有關係一樣，你必定會令對方有負面情緒，繼而開始，

喺父母情緒同自己需要中間摸索出一個平衡

問題是還是有一部分沒那麼幸運的人，會因為某些原因，而跌入這個「我令你有情緒就係不孝」的人生陷阱而走不出來。可能是因為客觀環境，例如你單親、父母有病、環境很窮等等，令你特別會多一份內疚；但更多時候其實是父母的心理：特別是善於情緒勒索的阿爸阿媽。你試想如果由細到大，當你不順其意他就一哭二鬧三上吊，又或是家暴型 TVB 式把所有東西掃落地，甚至動口出手，自然地我們就會被養成了一份歉疚甚至自責。

但最重要的是我們要知道：

我們的需要和感覺係重要嘅
我們首要為自己的需要和感覺負責

當我們留意到自己的需要與父母的需要有衝突，就如同拿錢去旅行還是儲起來買樓，是香港人的大難題，而沒有一個

絕對啱的選擇，更沒有一個永遠的選擇，每一次都是獨立的決定。最緊要知道每次我們都在選擇。

你又有沒有認識，或者親身被父母逼得透不過氣的經歷？

阿爸阿媽沒有告訴你的事
那些令你痛苦的人生哲理
實不相瞞
其實我都係過來人
其實好多心理學家都係有親身經歷先讀心理的
所以我明
第一步係知道自己係咁
就係改變嘅大半

阿爸阿媽沒有告訴你
你點都係抵錫的

你覺得你值得人愛嗎？

其實小時候的我們，照顧你的人（通常係父母）就是你世界的全部。但如上一篇所講，不是每個父母都懂得管教，亦不是每個照顧你的人都會懂得小朋友的需要。

如果現在你二十、三十，或者四十多歲，我相信大概你細個的時候，都不至於會窮到連基本需要都得唔到。你會有衫著、有飯食，應該都有書讀。所以大部分來看心理的人都會說細個沒甚麼問題，

不過其實咁先大鑊

因為我們不會發覺，自己可能有很多情感需要被忽略了。

問問身邊的人，你應該不難發現，有一群人會覺得自己不值得被愛，唔「抵錫」。再問下去，可能他們會答你，因為「我做得唔好」、「我冇嘢叻」、「我冇價值」等等十萬個理由。而大部人的緣由可能是小時候感覺不到：

無條件的愛

　　即阿爸阿媽不是不愛你，不過你要讀書好、要乖、先「抵錫」。好像很合邏輯，但其實異常虐心。如果細細個你就感覺到愛是有條件的，好自然地你就習慣要拚命去達到這些條件，因為愛是陽光空氣，是成長必需的。

　　但 let's face the truth，猶如你上班的 KPI 一樣，是沒可能全部都達到的。因為我們都是人、都有青春過（過咗幾耐就唔好講啦）、都有被荷爾蒙沖昏頭腦過、都有過自己的主見，所以我們會失敗、會犯錯、會達唔到父母的期望。

我們都一定有唔「抵錫」嘅時候

　　所以很在乎父母此時所告訴我們的是甚麼呢？是「犯錯唔應該，但我依然愛你」？還是大台劇般，「你咁都錯，你唔配，就唔係我個仔！」但其實我想鄭重的告訴你，無論你做得好與不好、成功定失敗、未婚產子定失業失學，

你都係一個值得人愛的人

因為你是一個人，就值得被愛。犯錯與做得不好，不會令你唔可愛（Unlovable，唔係 cute，OK？）因為你又好，我又好，你阿爸阿媽也好，都一定有不好的地方、做錯的地方。不是你不值得被愛，而是小時候父母不懂得愛你，所以，

 # 你未搵到懂得愛你的人罷了

阿爸阿媽沒有告訴你的事
那些令你痛苦的人生哲理
大紫大紅人人投入角色都可愛
原來呢首歌有意思
其實覺得自己唔值得係好痛苦
好多人會拼命地完美
或者全然放棄
當然唔係咁易擺脫
不過留意到就係改變嘅一半
因為我都愛你㗎

勤有功戲無益？
＃其實玩係必要㗎

當你甚麼都不做在 hea，或在玩手指的時候，你會不會怪自己呢？當疫情令你平時很忙很忙的事情都做不了，在家悶到發慌的時候，你會不會發覺自己已經忘了怎樣去玩？

都說香港從小到大都要爭，都要增值。這樣的氛圍下，當你做一些隨心的事的時候，你會否如同咒怨般有把聲音在耳邊問自己：

＃你做緊嘅嘢有冇用

這個功利的社會，我們習慣甚麼都要有用；學鋼琴要有用，所以要考級；識外語要有用，要有證書；拍拖要有用，要諗結婚同將來；現在連打機都要有用，要睇睇可不可以做到電競手⋯⋯

漸漸地我們連玩耍都要去想有沒有用。極端些，有些人甚至要計算玩了幾多，因為玩耍沒用，玩多了便要自責與內疚，要做回相應多的「有用」活動。而亦總會有人跟你說：

沒有用的就不要浪費時間做了

當我們連玩都要變得有用，要有目的、要有成長、要有體會，漸漸我們便會忘記了如何率性地做自己喜歡的事。我們失去了梁彥宗 Chris Leung 般揹起個背包就出發的勇氣（極其喜歡佢嘅「背遊系列」）、我們變得只羨慕別人放下工作去環遊世界一年，而最終我們變得務實。你的前輩、你男／女朋友的父母、你上司都可能覺得「務實」是一種讚美。但換句話說，是：

人生變得不再有趣味

其實「玩」係人生不可或缺的一部分，而「玩」是可以冇意義的。在每日見的 client 入面，你會發現好多人會責怪自己去玩，甚至唔識又或是，

忘記了點去玩

落雨玩水、夜晚玩枕頭大戰、落街「捉依因」，做所謂的無謂事，其實是小時候快樂的泉源，亦同時是建立我哋理解世界的活動。正所謂「唔賭唔知時運高、唔玩唔知趣味到」，呢個世界到底是只能弱肉強食的《Hunger Games》，還是有現

實有壓力，但同時有快樂有趣味的《家有囍事》，就很在乎我們到底是否願意去放低目的，純真地玩，純真地感受快樂。

　　「玩」除了令我們感受到快樂，亦間接地爆發了我們的創意小宇宙。研究會告訴你當你胡亂把弄事物，你方能有多點創意看到 out of the box 的事情，亦會開心點、抗逆力高點。其實人大了放肆地笑不一定變成「難得」，反而懂得去讓自己玩，就能製造自己的快樂。要知道：

 # 玩樂無罪去玩有理

　　當然未必每個人都要放下工作放下所有責任去出走地平線，但至少我哋要讓自己知道，玩也是重要的。而玩亦不需要有必然的準則，可以是《La La Land》般在街上亂跳、可以是跟你個朋友或伴侶玩 BU BU JIT（有冇人可以話我聽正字應該點寫）、可以是無端端講泰文……

　　總之放下那個總是要拘謹認真的你，好好玩一場吧！

阿爸阿媽沒有告訴你的事
那些令你痛苦的人生哲理
阿爸阿媽沒有教你的事
其實玩係唔使諗㗎
你幾耐冇率性地玩過
Zoom 玩狼人殺其實都幾開心
你今日約咗人去玩未

上完堂要做功課 ④

立即在下面計劃，在接下來一星期，三件去玩的事，大小不拘。

歡迎 happy share 到 IG PM 我，我會大大力嘉獎你，甚至玩埋一份噢！

天生本來就要唔同
 # 點解要同兄弟姊妹比

　　如果你不是獨生的話，大概成長中你身邊的人總會把你和你的兄弟姊妹去比較。你到底有沒有你的哥哥般孝順、姐姐般成績好、妹妹般文靜、弟弟般大隻。而很多時候會附加一句最難聽的：

 # 你學下你阿哥細佬家姐細妹啦

　　多年來潛移默化，我們也許都會不自覺地用同一把尺去和自己的兄弟姊妹比較。到最後，得到的很多時是憎恨，但更多的是失望與傷心。可惜是這麼多年其實沒人告訴你：

 # 兄弟姊妹本來是需要不同的

　　你有沒有發現，大部分的父母都異常喜歡把自己的小朋

友穿得一模一樣，不論家境富或貧，不論是 Chanel 還是街邊一百蚊兩件的小朋友衫，就算不是完全一樣款式，至少都同一個顏色或圖案。就算不是同年紀的兄弟，都總會叫弟弟穿回哥哥的衫。書包一樣、食物盒一樣、想他參加的課外活動也一樣。

　　明白的，要買過所有東西使費是何其的大；而自己小朋友全部同一個 collection 張全家幅都是會靚一點，猶如父母條腸出來的自家品牌一樣。但問題是父母做著做著，就不單是外表，連：

性格也期望一樣

　　然後開始拿自己覺得好的質素（好似文靜啲啊、鍾意做功課多啲啊、sociable 啲啊），去叫另外一個仔女去學。但很多時候，種下的是一種特質叫：

我不夠好

　　我們其中一個需要有保護殼的原因，正正就是覺得自己不夠好。所以有些人變得如強逼症般完美主義，又或是確確切切的討厭自己。

　　但其實心理研究又會告訴你，絕大部分兄弟姊妹是需要不同的。因為在確立自我的過程中，我們始終要父母從兄弟姊妹中分辨得出我。所以你可能會發覺，哥哥好動時，弟弟可能較

文靜；姐姐係完美主義，妹妹便比較率性行事。這是一種：

求生技能

因為我們猶如大媽影相一般，總需要著一件螢光粉紅般 sharp 的風褸，來告訴你 I'm here。喺父母眼中變得獨特是何其重要，他們的關注與愛是成長的陽光空氣水分啊。

更重要，但又更大鑊的是，這不是一種用腦諗出來的方法，所以你不會聽到人說：「我唔可以同家姐一樣，所以我要叻唔同嘅嘢。」而是猶如向日葵會自動面向太陽一樣，唔需要用腦的。所以做了，你又不知道。而當阿爸阿媽說你比不上兄弟姊妹，要學對方的時候，我們便可能照單全收，覺得我不夠好。而留意不到：

不同是種生存功能

如果你屬不幸的一群，可能人大了，仍然一直在被人與你的兄弟姊妹比較。那我必須告訴你：

你做自己已經很夠了

你的價值不建基於比較之下。反而，你的價值在於你看不看到你獨特的地方。不要拿長頸鹿和魚比誰游得快、不要找菲比斯與 C 朗比射門勁、不要找碧咸與奧巴馬比智慧。你就

是你，有學過 statistics 的話，你就會知道只有你 conditions 相似得可以同自己比。

就算還是有姨媽姑姐拜年時叫你學下你的兄弟姊妹，當你心覺得傷時，記住當所有大媽都是螢光色風褸，影相那個人其實會眼都盲，你只能提醒自己歪理不要盡信。

阿爸阿媽沒有告訴你的事
那些令你痛苦的人生哲理
屋企對成長真係好重要
其實父母點都會有 Preference
不過唔好咁出面得唔得
生仔要考牌
以前唔知而家知
應分唔同
唔好再比啦

你係人哋個仔女
 # 但你更是你自己

你試過為了父母，失去了自己的界線嗎？

很多時在成長的階段，父母在不知情的情況下，欠缺了給我哋一些東西，例如冇讚賞、冇認同、冇照顧你的感覺、冇無條件的愛……（其實好多人點都會中一兩樣……）因而令成長後的自己有點缺失。

不過你又有沒有聽過給予得太多都會出事呢？

的而且確，愛是不嫌多的。問題在於有些父母，把子女當成了「不可分離的一部分」，把自己的寄望、想法通通都堆到子女身上的時候，那些愛變成了：

 # 令人窒息的重擔

你有多常聽朋友講，或你自己親身紅館第一行般體驗阿爸阿媽那一句：「我為你好啊！」的震撼力？當父母把你猶如泥膠般捧在手心裡，事事都替你著想，樣樣都替你決定，去塑造成理想中的你；過程中如果不幸地他們忘了你是獨立的個體，那麼很容易地便沒有了那條界線，那度門，那個空間。結果是人大了，你找不到你自己，你只是：

阿爸阿媽人生嘅 ROUND2

這不單止是青少年會經歷的情況，更甚的是當我們已經連仔都生埋，父母的影子還是會深深的影響著我們。其實我們都需要自己的空間去探索想做的，然後去嘗試去體驗失敗。當然你的心明知父母是為你好，是想保護你，所以總會有時就範於他們的想法。但要知道唔跌唔知身體好，如同做 gym 的肌肉一樣，你不整痛佢佢是不會長大的。最重要的其實是：

知道你想要的是甚麼

很多看心理的人，很難在自己生活中對父母劃那條界線，除了因為實際原因（例如冇錢），更多是忘了去尋找想要的到底是甚麼。重點是尋找，因為好多人都未必好像大部分勵志片般讀小學就知自己好想要唱歌跳舞打排球，有好明確的目標；但：

繼續去尋找係劃界線嘅必需品

要知道，坐著齋諗是 99% 都不會諗出個目標來。反而這是一個 Trial and Error 的過程，錯過討厭過大鑊過你就會慢慢見到你想去的地方。

要學會跟令你窒息的父母 SayNO

所以如果你從小有事事幫你諗，但卻其實不甚明白你的父母，真的要慢慢學會 say NO 來做你真正想做的。過程當然唔容易，會嬲會喊會驚，所以你更要有支持你的人去漸漸用 breakthrough 這個模式。不一定要翻枱地 say NO，而是確切地重複表達你的需要，也許對方會不明白，甚至表達激烈的情緒，但只要你知道自己所堅持地走向的是甚麼，你還是能找到你自己。

阿爸阿媽沒有告訴你的事
那些令你痛苦的人生哲理
做自己的前提
係開始搵到自己
真係要有條界㗎
係父母同你中間嗰條啊
佢哋唔劃就你要劃啦
最多我借枝粉筆畀你啦

有沒有發覺許多時候，對你好的都不是你喜歡的，而你喜歡的怎麼都是渣男／蕩女？

成長的階段中，照顧你的人如果沒有給你應有的情感需要，是很大機會令你性格有比較無效的地方。（本來想講性格缺失，但其實我哋咩性格都係可愛的，所以無失亦無缺，係咪？）例如會十分隱藏自己情感長期扮無恙、樣樣都要完美最後 chur 爆自己還要怪自己做得不好、不論多努力都還是覺得自己不值得愛又或是身邊人最終都是會離開自己⋯⋯

而你有沒有發覺，你或者你身邊人如果是成長有所缺失，人大了揀的伴侶通常都會繼續令你痛苦萬分？當然，如果從小家庭就很恐怖，因而早早為了離開屋企，而求其揀個對象是大有人在，也許你會覺得那是年少無知，不懂帶眼識人，當然出

事，（猶如當年讀書教授話如果你喺夜晚流連尖東海傍，識嘅亦多數係家庭破裂有情感缺失之人，不過其實而家凌晨尖東海傍仲有冇人喺度玩？）但就算從來不是去玩去蒲，廿幾三十歲卻還是好像犯賤般，對你好的沒感覺，

令你死去活來的卻何其吸引

當然學余春嬌說，一世人流流長總會遇上幾個人渣，但除了運氣，有沒有想過也與你童年所缺失的有關？原來人都是習慣的動物，不習慣的東西我們多數會排斥，就算口裡說不，心都會很誠實。不是用開的東西，我們會傾向不用；不是見開的人種，我們傾向不識，因為新的東西我們未明白，亦未了解，自然感覺唔「聚財」。

我們都需要安全感

而安全感來自於熟悉的東西。所以聰明如你，一定會明白，如果你小時候阿爸阿媽從來都沒照顧你的感受，當有個好關心你感受的人出現，縱使你身邊的姊妹淘或者兄弟團都一致讚好，你都還是會沒感覺，

因為好陌生

可能你會想這個人是否有甚麼企圖，你甚至會推論他只是虛情假意，因為你的世界中，沒人會真心照顧你的感覺，而不

被關心才是熟悉的感覺，所以很可能地你不會選擇他。而你的原因就是「冇 feel」。

　　而更重要的是，這個選擇是停留在感覺層面的。即是說。就算你撫心自問，你也不明白自己為甚麼不選擇這個道理上會令你快樂的人。你大概只知道，你跟他一起的感覺總是有點說不出的陌生。

　　這個就是所謂的 Schema Chemistry。如果我由小到大都被人忽略我的情感，我大了直覺都會選擇繼續忽略我的人。

　　「被忽略感覺不好受，但那麼多年我懂得怎應對。」

　　出自 client 的口，何其虐心。當然不是所有人的感情都是如此（唔鍾意啲 Technical Term 但咁就係以偏蓋全啦），只是有一部分成長上情感有缺失的人會有這樣的直覺。咁點算呢？下回分解。

阿爸阿媽沒有告訴你的事
那些令你痛苦的人生哲理
有些人真係揀親都係爛燈盞
你以為你係被詛咒
又係成長經歷啊陳生
點解學校無教過揀伴侶
會唔會老師其實都唔識

成長沒有告訴你
戀愛都要用腦的

上文講到，若我們的成長階段，情感需要不被照顧；人大了選伴侶很大機會都會選擇令你有同類感覺的人，

咁點算呢

別怕，這個不是永恆的詛咒，定啲嚟。首先你要知道你童年有甚麼情感嘅缺失呢？你的父母到底是令你覺得自己很差，還是做甚麼都得不到認同？是沒有關心你的感受，還是沒有界線地入侵了你的生活？（不妨爬番之前的文去想想）如果你有幸地一個都沒有中，我真係恭喜你啊！不過都不包感情一定一帆風順，只是「直覺」不會那麼叫你不斷撞向牆而已。然後呢？問問自己：

伴侶令你最痛苦的是

訊息多數已讀不回？令你長期覺得他隨時會離開你？很愛你但要你完全無保留的讓他佔據你的生活？如果是的話，我相信你的好姊妹好兄弟早已叫你另覓好人家，但為何偏偏還是那麼留戀這個人呢？問問自己，這個人帶畀你的感覺，

同你成長的感覺相似嗎

要記住，是感覺，不是客觀的對待方式。（唔係佢有講咩或是沒有，你點都唔會 expect 伴侶同你父母講一模一樣的東西 right？）猶如最近一個 client 為了媽媽的需要完全放棄自己想做的，因為媽媽不開心；到結婚了，還是同樣的為太太病態地付出一切，最後變成 depressed。你可以說他人生兩條 queen 作怪，也可以說他其實是從童年的坑跳到另一個成年的冰。

其實愛情都要用腦

好多人會說愛情是憑感覺，自問不是愛情專家，但從我日復日的工作經驗可以告訴你，單憑感覺沒有理性地談戀愛，撼頭埋牆焦頭爛額的機會是絕對高過生 cancer 的。那理性地想甚麼呢？就是你到底為甚麼喜歡這個人？如果你的答案係單純的「感覺」、「喜歡」；你中伏的機會應該頗高。

其實心理學 101，甚至是大台電視劇都會告訴你，一段關係要長久，少不了能如知己般的溝通，以及雙方在關係上有

commitment。喜歡的感覺、那種心如鹿撞的激情，如同高潮一樣，來的時候很暢快，但其實不持久的，終究會被現實的相處磨滅。我們講了那麼久的 Schema Chemistry、那病態的熟悉安全感就潛藏於那說不出的喜歡，那股解釋不了的激情中。

所以如果「我們能像朋友般溝通」、「對方對我很好很忠誠」都不能形容你倆的關係，那你真的要想想：

到底這是不是自己想要的關係呢

當然如果你不是以走下去為前提的那就不用多說，have fun and enjoy the ride。但如果你是認真 mode 的話，就要認真去想想如果一直都只有喜歡，而你的情感需要沒有被照顧到，你能接受多久？可能你又會問：

或者對方會改呢

當然是有這樣的故事的，經歷完一輪波折然後主角改變了他的行為模式……但其實這多是在韓劇的情節裡。你知道要改變一個人的性格有多困難嗎？要經年的心理治療。（其實好累人的，信我……）用腦的推算，到底對方改的機會有幾多？空間有幾大呢？特別是你已經跟隨成長的模式去回應時，你可以想像對方改變的誘因是甚麼。

所以要擺脫成長的情感陷阱，記得要理性去想。唔夠的話，找你那個好閨密、好兄弟，借借他們旁觀者清啲的那個腦吧！

阿爸阿媽沒有告訴你的事
那些令你痛苦的人生哲理
其實韓劇都有副作用
就係世界太夢幻
要改變一個人其實何其困難
諗諗你到底需要的是甚麼
點解學校無教過揀伴侶
唔通因為覺得中學生不應談戀愛

上完堂要做功課 ❺

到底你喜歡你伴侶的甚麼呢？

如果你還沒有伴侶的話，那你的揀偶條件又是甚麼？（唔准咁膚淺，淨係要高富帥！要深層次的想噢！）

細個唔識而家識
你的感覺係寶唔係草

你有沒有怪過自己為甚麼要喊、為甚麼要驚、為甚麼要有感覺？

有沒有想過甚麼時候開始是這樣？

會不會其實是由小時候開始呢？

另一個最常見於香港的成長歪理，就是：「你喊就係唔乖，好收聲喇吓。」

君不見在茶樓、商場、學校，甚至你去拜年時，你都會聽過這個金句：「你好收聲喇吓！」當然，令到小朋友喊的，可以是十萬九千七樣事情，可以是倒瀉可樂，可以是想繼續玩而不想返屋企，亦可以是被迫要跟每次都要搣你面珠的 Auntie 見面。但好多時候，不論原因，父母都會告訴你在有其他人的地方，

有情緒就係唔好

當然，喺你做了人父母以後，你會明白小朋友在街上有情緒是令人難堪的，因為香港人的目光可以有多 critical 不用我多說。但令到小朋友不在街上表達情緒的方式到底是了解原因，繼而安撫；還是狠狠地鬧他、罰他直到他停止就有天壤之別。因為當很多人都不問緣由地鬧另一個人有情緒，我們就會慢慢被訓練到：

收埋所有嘅情緒

當長年被鞭打，獅子都可以被訓練成九唔搭八要跳得過火圈（其實根本就係虐畜），我們當然可以被訓練成不喊、不表達傷心、扮無恙嘅能手。

不表達情緒猶如不清走黑頭一樣，一定會發炎繼而爆瘡的。當我們從小開始扮無恙，我們的確能叻到，表面上其他人完全看不出自己有感覺。但如同你爆完瘡再蓋多幾吋粉一樣，只會越爆越勁。扮無恙的結果是，很多 client 來到看心理時都會說：

唔知點解悶悶不樂
唔知做人為咩

殘忍的真相是，當我們被錯誤地訓練成掩蓋自己感覺的專家，必定會買大送細，連真正快樂的感覺都 feel 不到，被隔絕開。而大部分人其實都沒有一件真正令你很不開心的事，但

就是猶如食了黯然消魂飯咁淡淡然，沒感覺。而最大鑊是，

自己都唔知點解自己係咁

　　因為沒人告訴過你，原來感覺是極其重要的溝通工具，是不可以全部吞下肚的。

　　但又不需要太灰，八十歲都可以開始學接觸與表達自己的情緒與感覺，更何況你跟我一樣，只是十八廿二呢？要知道細個學不到，那就找那個可以讓你安全地表達情緒的人去學吧。就算你暫時沒有那隻耳朵，也可以猶如 Sammi 一樣，寫封給自己的信，好好和自己的感覺接觸與相處！

　　快告訴那個不知原來可以表達感覺的朋友，你肯做佢隻耳吧！

阿爸阿媽沒有告訴你的事
那些令你痛苦的人生哲理
生仔真係應該考牌
其實要學番接觸感覺要好耐
所以多謝維他奶
畀我可以用嚟話人聽
想喊就好喊啦
表達情緒係天經地義

#PSY3001
人際關係必修課

竟然從來沒有上過
怎樣與別人相處嘅堂

　　成長中我們從阿爸阿媽身上得到，又或是得不到的，都伴隨著我們去面對更多的人際關係。當世界不止父母，我們接觸越多不同成長背景、不同性格的人，而他們有的變了朋友、有的變了戀人，甚至有些成為你的敵人又或是傷害你的人。這樣多的組合、那樣多的可能性令你來回地獄又折返人間……

竟然冇人教過丁點點做

　　不論在網上大家問的問題也好、真實面對 client 也好，人際關係的問題從來是最多、最複雜。但聰明的我們，沒上過並不代表不應對。反而，很多時候猶如 iPhone 一樣變了很多不同的保護殼，去防跌、防水、防刮花。

不過有時會令個電話太重
或者接觸不良

而到最後，那些人際相處反而變了更多負擔。結果如同我每天聽很多次的那句：「我好怕人。」

這一課在這本書中最長，就算看完，也不保證你的人際關係會一帆風順。（喂！你買本李居明流年擺位都唔一定包無災無難啦！）但是，至少，有個概念，來給你多一點點啟發，自己到底在做甚麼。在別人眼中的不可理喻、離晒大譜，也許並不是那麼的不正常，只是：

 # 冇學過但又傷過
 # 自己研發係咁上下

這一課亦希望大家學識多少少如何安撫身邊人的方法，令大家可以感受同發放多些愛。（OK⋯⋯係毛管戙㗎喇，係老土㗎喇，但橋唔怕舊，最緊要，愛其實我哋個個都受。）

第三章，Let's Go～

就算錯不在你
工夫還是需要你做的

你有沒有曾經覺得在關係上，明明錯的不是你，點解要自己處理？

很多人都說，明白父母或者伴侶的問題，想脫離成長的陷阱，但當自己一改變，對方的回應是那麼的兇狠、那麼的歇斯底里，而最後當然自己感覺不良好。於是，我們都會用回：

 # 我們最熟習的模式回應

一係繼續放棄自己的需要、一係《延禧攻略》一般口和心不和與你繼續抗衡下去。

你西面、我比你更西；
你負面、我比你更負；
你要鬧、我陪你吵到底！

當然亦伴隨著一大堆情緒，包括無奈，包括唔開心，更包括憤怒。心裡其實最大的 OS 又會不會是：明明錯的不是我，明明沒有照顧我情感需要的是你，為何要我解決我們關係的問題？點解我要為咗你跪低？

點解要我做咁多嘢

首先，我想告訴你：你的負面感覺是真實的，你的需要也是重要的。

但我們需要問的是，你到底是單純想發洩你的感覺累鬥累，還是你想最終關係會好一點？

發洩是暢快的。而當然我們間中都需要洩洪，鬧爆對方又好，碌爆佢張附屬卡又好，喊爆佢都好。但問心你知不知道一直用同樣的方式回應，父母也好、伴侶也好，積怨只會越來越多？

做其實係為咗自己

就算你明知對方離譜得很、明明單單打打的是他、明明是他不斷放負、明明是他忽略你的需要，明明「錯」的是他。

但你覺不覺得這是沒有希望的關係呢？尤其是父母的話，我想你應該很難完全放棄這段關係吧？（除非佢真係如

cancer 咁不斷放毒，打你侵犯你那就另作別論。）那你就要問問自己，既然你打算繼續這段關係，改變惡性相處循環其實長遠地是否令自己舒服一些？

嘽！巴打絲打們，不要諗錯，不是叫你逆來順受全部衰的東西照單全收，而是用個比較有效的溝通方式。你那樣醒目，你一定知其實甚麼回應是會令狀況更差。例如那些你西番佢面啊、「嘭」門冷戰兩星期啊，諸如此類的那些回應。

咁我咪好辛苦囉

跟減肥做 gym 一樣，不辛苦是不會有馬甲線跟雞扒胸的。又要關係好，又要馬兒不吃草是沒有那麼筍的事。當你用個比較有效的方式回應，初時必定難受，覺得戇居、唔抵。但買股票你都睇長線啦，何況關係上的幸福？

#BeABetterMe

不是保險公司廣告，而是當你用一個有效些的回應，其實你成了一個更好的你，而不再是小學雞般同學隻手過界你一定要隻腳過番佢張枱；長遠對關係怎都會有幫助。就算對方看不到你的努力，我們這裡看到啊！我們給你叻叻！而你自己都看到的啊！

好長的文，要收口啦，希望你都可以有些時候（真係唔需

要時時，唔需要完美主義）用一個有效些嘅方式回應對方嘅不足啦！

人際關係必修課
BeABetterMe
要做好人其實好難
不過心安理得囉
我都唔係時時做到
目標嚟㗎嘛

由細到大你有沒有試過嬲那個你很愛的人？然後你既矛盾又痛苦？但偏偏從來沒有人告訴你原來這兩個感覺是可以並存，更遑論可以點算？

之前講到，當你明白成長所帶來的陷阱，而作出改變的時候，父母又或是伴侶好多時都係會有不良反應的，因為脫離了那個習慣，那個熟悉的感覺。甚至對方可能係送你更大的負能量，贈你一句：

你有毛有翼曉飛啦
你有冇當我係你老豆老母老公老婆

雖然提到當我們沒準備完全放棄這段關係的時候，嘗試去繼續改變關係的工夫還是需要自己做的，特別是對父母，他們幾十年養成的性格絕非一刻能夠改變。而在這個嘗試改變的過

程，對方的反應當然會令自己嬲。嬲那些更負面的說話，嬲點解你咁多年都仲係咁，嬲點解你唔聽我講。亦有朋友仔睇完後覺得很難達到，因為：

唔識點調節自己嘅感覺

於是，放棄唔再理、唔再改的選擇變得多麼的誘人，甚至想放棄成段關係，從此老死不相往來。亲，I Got You ！我們都是捨難取易的動物，有得 hea 邊個想唔 hea，沒有需要覺得內疚與慚愧。

只是從我見過嘅 client 經驗可告訴你，選擇完全放棄關係的人當然大有人在，不過如果喺選擇之前，沒有好好去衡量是否完全沒有希望的關係，多數人都係會後悔的。因為始終對方唔係完全冇畀愛你，

而係不懂得如何愛而已

正所謂傷我或是害我都慘不過教我記得一起幸福過，父母也好，情人也好，呢個永遠都係魔鬼與天使的選擇。但能夠改變自己得嚟又唔需要放棄整段關係，可能係需要先學習調節自己的感覺，特別係又愛又嬲的感覺。

嗯，講真，調節感覺的方式坊間真係「五花百門」（真係唔止八，直頭係百），如果你可以搵到啱自己用的方法當然係最好，作個福飲埋符水會令你感覺良好的話，只要無害我都唔

會反對你試。不過我研究同臨床經驗話你聽比較有效去消化對愛的人的憤怒方式係：

理解對方的原因

　　即係點解對方會係咁嘅人呢？人渣也是需要煉成的，更何況係你愛的人。會唔會其實對方都有成長的缺失，所以佢都唔識關心你的感覺？會唔會他的自大來自於不安？會唔會佢嘅冷漠來自於害怕失去和缺乏安全感？特別是父母，諗番你阿公阿婆阿爺阿嫲點對佢哋，可能你會多一分同情，多一分體諒，那你的嬲就有機會淡化。即係你睇到 Joker 同 Harley Queen 點解會變成咁，你又可能多一份體諒。

　　可能有人會話你咁係咪幫對方想藉口。我會說不是夾硬說服自己一個歪理或者作一個理由，而是真的去了解對方，去諗其實他到底是怎樣的人，同點解佢係佢。畢竟那是你愛的人，了解就是關係昇華的後盾，而你還未覺得這段關係完全沒有希望是吧？

人際關係必修科
亦都係調節情緒 201
阿爸阿媽沒有告訴你的事
愛恨交纏小處理
今天淌血是你心
BeABetterMe

想改變一個人？
勸你最好諗清楚

有沒有試過用盡了你的奶力要去改變一個人，但最終都係江山易改，甚至搞到自己深受重傷？

收到很多人問類似的問題，今次一次過講了我的想法先。這條一百萬的問題就是：我點改變佢／改變唔到佢點算？

當大家了解到原來自己受到原生家庭影響，（即你阿爸阿媽啦，哈哈……我其實不嬲都不喜歡用 Technical Term，但原來你哋好多人都識！）不論在家庭或是伴侶中失去了部分情感需要，大家開始猶如比卡超要進化般覺醒，了解到對方原來用了不太有效的方式去對自己。繼而大家又開始去理解對方為何是這樣的時候，下一步好自然地：

大家都想改變對方

不是說改變一兩個行為，而係大家想開始改變對方的性格。你知道佢由細至大都習慣收埋自己的情感，你便威逼利誘佢去表達；你知道你娘親習慣呼天搶地 Passive Aggressive 去逼人做嘢，你便嘗試叫她理性表達；你知道明明對方從來都逃避講自己的情緒，你就用你三寸不爛之舌痛陳利害。就算開初對方好似為咗唔好煩有些許改變，但過幾日就好似《月光寶盒》咁「般若波羅蜜」打回原形。

佢唔愛我所以唔變

就係好多人內心 OS。因為好努力做一樣嘢然後達成不了，其實係猶如日日撼頭埋牆極其痛苦。你可能覺得 # 沒法再愛更需要恨；而你更會失望、憤怒，甚至埋怨對方：

為甚麼不改呢？

亲，你知唔知嘗試改變一個人的性格特徵，令佢變得比較有效，要睇幾耐心理？係睇心理學家喎，唔係你平時食飯吹水嗰種雜誌心理喎？即係有技巧地托住佢成長的負面感覺，畀好多愛與傾聽，外加屢敗屢戰的行為練習嚇。研究都會話至少個個星期見一年先有明顯效果。所以你用盡心思、聲淚俱下的幾次勸說⋯⋯對唔住都要講句：

應該冇咩好大作為

很多人都有個猶如阿拉斯加蟹般強頑的保護殼，你想食到那 juicy 的蟹肉，要攻破那保護殼係要時間同心機的。當然，唔係完全沒可能，亦有見過不少成功例子，但係要好多好多愛、好多好多時間、好多好多諒解，以及清晰的腦袋，猶如釀酒一般，

用愛浸出不一樣的味

所以，當你說想改變對方時，我懇請你先諗一諗，你是純粹想改變一個行為（即係嗰啲臨瞓要 WhatsApp 你啊、敲咗門先入你房啊、唔好搞你啲嘢啊，諸如此類），定還是想改變對方的性格特徵呢？前者都還是比較容易；如果是後者的話，請你準備愛是恆久忍耐般的心思，外加理性的思維，繼而經年的時間，先好開始呢個大 project。

如果你根本沒這些的話，還是好好專注自己先啦。如果你都有樁緊個頭落去想講幾次就改變到對方性格嘅朋友，就提佢唔好作賤自己啦，好辛苦㗎。

人際關係必修課
你估我份工真係咁易做㗎
我的愛常常收工就賣晒
所以最好睇心理其實係十點十一點
個人意見不代表全行立場
改變一個人好難㗎
你問下你自己你搞咗幾多先改到幾多

憎到想一個人死
 # 其實係為了保護自己

　　或者你同我都會試過，極為討厭一個人。憎到一個位，你會諗：

　　「咁多人死，點解佢仲未死？」

　　就算你以前冇，最近都可能有。就算身邊一向溫和的人，最近都有滿腔怒火。不過在這個時候，總會有人跟你說：

　　「嬲都冇用㗎」
　　「做人不要太黑心」
　　「一念天堂」

　　等等的說話。

Well，情緒與 karma 一樣，is a bitch 而且 always come back。你不理會你的情緒，甚至否定你的情緒，都只會令你的情緒更差。

嬲同憎，其實也是情緒。一如之前所講，情緒是有與自己溝通的功能。你的嬲與憎，都在告訴你，你因為他人而受了傷害、受了不公的對待。我相信當一直撲口罩都失敗、當應有的權利被無理剝奪，不是一次半次，而是重重複複都面對一些牛鬼蛇神，是會佛都有火的。

所以情緒會出現叫你保護自己，推動你捍衛自己。你會用你如咒怨般的念力想某些你憎的人快快壽終正寢。而你嘅所有思想都係：

完。全。冇。問。題

想與做是相差好遠的事，但好多人都誤以為我想就等於我會做。好像有些研究做過有一半冇精神問題的人，都有想過 GTA 般揸揸下車，鏟架車上行人路。難道又真是天天都有人搵車撞人？這種「我想得多就等於我會做」在心理學上叫「Thought-Action Fusion」。我想一個人快些壽終正寢，唔等於我會做。

而從來，我們需要控制的，只是我們的行為，而不是想法。所以憎一個人，我可以幻想一百種佢會死的方法，來平息

我的怒火。而當然，我們亦可以在行為上做些東西去平息自己的怨氣，如同傭人幻想 Mom 是那片薑般大力大力拍，又或是去冒險樂園大大力掉波波（本人至愛嘅抒發 channel，好治癒的⋯⋯LOL），不傷己不傷人就是那條界囉。因為我們要明白，嬲與憎其實是給予我們很多 energy 去反應，所以唔發咗個力量出嚟，你係會心有戚戚然的。呢種係 Adaptive Anger，所以⋯⋯

讓自己嬲，讓自己發吧！

\# 人際關係必修課
\# 嬲得有理
\# 唔係諗都唔畀諗啊
\# 咩諗嘢先
\# 憎爆你
\# 冒險樂園真係好治癒㗎
\# 情緒處理系列

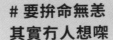

要拚命無恙
其實冇人想㗎

你有冇試過明明痛入心扉，但在旁人面前還是拚命無恙？又或是掉轉頭，你想去關心對方，卻每次都是一盤冷水倒頭淋，被回贈一句：「我冇事」、「我好好啊」？

要改變一個人的性格何其困難，而很多朋友仔都深表同感，改自己都已經夠難，何況身邊人？其中一個困難係，一講到情緒與感覺，總是覺得去唔到對方的心底，恍如容祖兒唱「我想伸手拉近點，竟捉不到那邊」，跟住「分不出那張是誰的臉」。

猶如我一直說，我們就著成長所經歷的，其實都千錘百鍊出一個保護殼、一套保護自己的方法。而如同用 iPhone 一樣，如果你經歷過跌爆 Mon、跌落廁所入晒水，甚至唔記得咗放咗入洗衣機洗，你會知道自己必需一個防水防跌嘅日本製金屬保護殼；但偏偏你亦有 friend 明明咩殼都冇但個電話用咗咁耐都完好無缺。所以就著你成長，

所承受的到底有幾甘

你所欠缺的有幾多，你現在就有一個多強悍的保護殼。而其中一個常見如 Casetify 的殼就是：

隔離感覺我冇事

即是你明明心如刀割，既害怕又傷心，卻還是在人前拼命的壓下自己的感覺，甚至人後也努力的把自己的感覺如疑似確診般隔離。不去感覺感覺，好像會令自己好受一點，好像痛會少一點，別人也好像會輕鬆一點。於是，你彷彿催眠自己般，天天對自己說：

我冇事我很好我冇嘢啊

不過你當然知道其實不去感覺感覺，如同個心被人插了兩刀然後唔理佢一樣，是會發炎含膿繼而潰爛的。而你的伴侶也好，朋友也好，都必定會理性地告訴你：I am here，有唔開心就搵我。很多時你都知道他們的好意，甚至理性上你亦可能覺得是否應該告訴他們你的感覺呢？

不過如同蔡少芬句經典 # 臣妾做唔到啊。理性上知，但感覺還是做不了。其實好多時候，都因為呢個係：

小時候的生存之道

不妨問問自己，小時候的環境容許你表達你的感覺嗎？就算照顧你的人在你表達情緒時沒有懲罰你，沒有鬧你 **# 唔好喊啦衰仔衰女**，但你又有沒有一種內心的對話？要知道世上最喜歡攬事情上身的其實是小朋友，當細個父母不和，或是單親，或是阿媽好慘好辛苦，而你又乖又懂事的話，你就會如同好多睇心理的 client 一樣：

唔表達唔好加重人負擔

就係咁，你個 iPhone 鈦金屬保護殼便慢慢成型了。因為比起自己傷心，令照顧你的人更辛苦好像更痛；因為比起自己說服自己無恙，安撫照顧你的人好像更累人。因為其實你很愛照顧你的人，於是你很勇敢很叻豬的把他們的感覺攬上身。

用慣了的殼感覺良好

就算今時今日 iPhone 出到自己防水防爆，沒需要那個殼，但你還是牢牢的不能放棄，因為安全、因為熟悉。但亲，我想告訴你，

你的堅強很爭氣

但現在跟小時候不同了，你不再需要靠拚命無恙來生存，就算你在信任的人面前表達感覺，其實也不會有甚麼惡後果。沒人會癲，沒人會一哭二鬧。

現在你可以有安全表達感覺的地方了

希望你明白你那個好像講極都係咁地收藏自己感覺的朋友。如果那人正是你，也不用急，就嘗試一點一點分享你的感受吧。

　　最後用夕爺的詞作結：
專心看得開其實沒幫助
趁仍舊有力氣
寧願痛苦能夠證實相戀過

人際關係必修課
你的強頑保護殼
拚命無恙版
點解啲詞咁好
林家謙又咁好聽
又係原生家庭啊陳生
越寫越長係咩玩法
唔好嫌我越寫越長氣喎

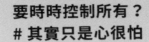

要時時控制所有？
 # 其實只是心很怕

　　你有沒那個甚麼都要有 planning，甚麼都要控制的朋友？而當事情沒有跟預計的進行，就會抓狂發脾氣？還是這個其實係你自己？

　　上回講到，其中一個最常見的保護殼就是拚命無羔不去感覺感覺。但講明係保護殼系列，當然唔止一個殼。另一個十分常見的保護殼就是……

我要事情在我股掌之中

　　我諗你總會見過那個甚麼都要計劃好，甚麼都要喺控制之內，避免任何意外發生的人。例如那個會把旅行行程寫得猶如旅行社般詳盡、差點連食咩都要計劃埋的他；又或是那個工作做得一絲不苟，甚麼都有 protocol 甚麼都有程序的他（表心

為你祈禱他不是你的上司……）又或是那個連朋友食餐飯都會如結婚般要有 plan，同 backup plan，同 backup 個 backup plan 嘅 backup plan 的他……

可能你會問，Do 姐都有話意外意外就是意料之外，想事情不出錯，想多些準備有甚麼問題？嗱，話明係保護殼，當然有它的價值。這樣去過活，的確很安全，沒有差池，沒有意外，如同為你全屋鋪晒軟墊，像精神病加護病房般安全。

但保護殼的問題很多時都是太極端、太不 flexible，甚麼都用同一把尺、同一套做法。大家所看到的是萬無一失的計劃；但看不到的是，這個程度的控制其實用了多少時間、多少心力。

其實心很累

如果你是因為結婚，要場地、化妝、頭紗、攝影、回禮小禮物……下刪一萬字，都控制得好，有盡頭地盡地一煲，還是沒甚麼大問題（當然你問我的話，我會覺得自己 enjoy 自己婚禮是最重要的……但人各有志 right？）但如果你生活中，大部分事情都要這個程度的控制，還不是有限時會完會搞掂的話，你必定身心俱疲。如果你不相信的話，大可問問你準備結婚的好姐妹。

安全但你快樂嗎

猶如之前所講，玩樂與率性其實係生活快樂必需品。長期步步為營，不讓事情出錯，是何等大的壓力。而當你那麼大壓力的時候，就很難享受那過程。研究話你聽大壓力的人何其的敏感，亦變得好似姨媽長期來找你般燥底與「MUNG 爭」。（有冇人可以話我聽到底點打這兩個字？找了良久都找不到。）

這份壓力不單是你自己啃的，

還有你身邊的人

因為他們都會怕事情會不合乎你的期望，怕你怕事情出錯；最後他們猶如與訓導主任生活，規行矩步。好多人問感情有時為何生變，其實不論友情也好、戀情也好，甚至親情亦好，如果你長期維持與訓導主任有關係，會不累嗎？一天不累、一個月不累，一年呢……？

但猶如拚命無恙，我知道其實冇人想過得那麼累。這個時時要控制的殼，只是一套訓練出來的生存方式。那從何而來呢？傾下傾下，好多 client 或是朋友都會慢慢發覺……係啊，

又係關成長事

如果小時候照顧你的人告訴你地球很危險，樣樣都要小心提防；又或是成長沒甚麼人認同你的表現，令你覺得終究自己會失敗、會做得不好，那很多時你就要用番呢個專用的控制保

護殼來保護自己。因為你如同所有人一樣，會害怕失敗、會害怕受傷。當然非成長的原因還是有的，如你被你的上司或伴侶感染，但絕多數都冇咁扭曲與那麼樣樣都要控制。

人際關係必修課
你的強頑保護殼
唔通我又話你聽其實我都係咁
好多行家都係
講到底其實都係安全感
又係原生家庭啊陳生
不安同玩跳樓機一樣
都係要慢慢習慣

不安同跳樓機一樣
 # 都係要慢慢慣

　　如果你發現自己時常需要操控所有事情、一旦不跟 plan 就會抓狂，而又實實在在地影響你生活的話，不妨問問自己；其實係咪因為不安感覺太難頂呢？

　　上回講到另一個常見的保護殼，就是時時要控制所有事情。控制的背後，大多充斥著一份不安感，一份可能由成長就養成的不安感。不論是因為有人日日話你聽地球很危險，還是因為你怕事情會做不好，內心的不安還是如等驗孕棒出一條線還是兩條線般強大。而正正就是這份不安讓你敏感與瘋狂。

點算好呢

　　猶如我一直講，你越細開始呢個控制的習慣，你的不安便越強頑。但改變不外乎……

一知二諗三要做

　　如果你睇到呢度的話，恭喜你！你已經完成咗第一步啦！就是要知道其實你控制得太多，連不需要那麼控制的都控制埋；而你亦知道這樣如同日日隊麥當當一樣，是絕對不健康的。你的壓力會與日俱增而你又不能自在快樂。

人生有個真正朋友的確好極

　　但有時候由於呢個保護殼太自動，我們還是會忘了自己這刻的「忟憎」（學以致用我可以！多謝大家）、這刻的燥底、這一刻內心澎湃的粗口其實 over 咗。那就真的是要靠身邊信得過的人去提醒自己，在你抓狂的時候猶如煙塵探測器般「呦」你、話你聽你的殼又上身了。所以，不妨這刻贈與你那個摯友、你那個伴侶，甚或你信得過的那個同事，免死金牌一大塊（你一定會明白當你要旁人撲入你情緒的火海中拯救你，而又能全身而退，係需要完美的防火裝備的）。

　　知道自己又控制 mode 上身，然後呢？

　　猶如墜機時，就算你聽了一萬次安全示範，你還是不會記得救生衣到底怎樣穿；當你失去控制時，你的緊張不安殺到埋身，你是不會記得那麼多。所以那個時候只需要問自己一句：

有幾大鑊先

都說我們的保護殼問題不是完全沒用，而是不 flexible，甚麼都用同一把尺的時候，自然會出事、會矯枉過正。所以到底不完全控制，後果有幾嚴重呢？係食唔到個期間限定 pancake？係冇去晒十個東京必去打卡位，去得九個？係工作表現不是一百分，而是九十分？定真係會死人塌樓先？值得你去損害你的友誼？值得去令到自己壓力大到覺又瞓不了，又呢度痛嗰度痛嗎？

一句問題，其實會慢慢幫你搵番把尺。不同時間、不同嚴重性，就用不同控制程序的尺。

好啦，最後都一定會有人話：我知㗎、我知唔重要㗎，但臣妾做唔到啊。因為：

感覺不安

除咗要理智上知，感覺亦要對抗。那就真是要靠經驗啦。猶如你第一次被那個 friend 逼你坐跳樓機、第一次要拍死隻小強、第一次同老細 present 一樣……心裡有一萬個不情願，但如同張家輝講：怯，你就輸一世。偏偏做完了，你才發現好像沒你所想的恐怖，甚至……還好像有點興奮。都話：

率性係快樂必需品

所以理智地不安全，其實都係安全的。

人際關係必修課
你的強頑保護殼
下集
一知二諗三要做
一命二運三風水
有人支持真係好重要㗎
你咪睇小個免死金牌
你又唔係唔知你控制唔到嗰陣有幾燥
我其實係講我自己

吹水認叻嘅背後
 # 其實係一顆脆弱的心

你身邊有沒有那個時時講到自己好勁，上至地產股市，下至紅酒咖啡，都好像無一不曉的朋友；又或是著親都是大大個 Monogram，深怕你不知道她的衫褲鞋襪有多貴、牌子有多名的那個她？

講明保護殼系列，當然不單拚命無恙與時時控制兩個殼。另一個未必最常見，但你總會見過的就是：極度吹水認叻 mode。話說最近看了一個比較極端的例子，睇完你大概就會明白何謂極端吹水認叻。隆重介紹，

 # 珠海知名富婆楊番番（不知番番是誰就上 YouTube 看吧）

看完到底有甚麼感覺呢？覺得真的見番番如見李嘉誠般敬仰？是發覺廣東話原來真的很奇妙，轉個音就不同了意思？

還是心裡想問一句阿姐你到底想點？ Post 出來其實不是為了讓大家恥笑她的行為，因為我相信她都很可能是一個可憐人，而是想講呢款保護殼去到極致到底是甚麼的一個模樣。

當然你身邊的朋友，可能沒有把那個自大 mode 發揮得那麼淋漓盡致，否則你還能跟他做朋友，忍耐力應該異於常人。但或多或少，我們身邊都有那個比較認叻的人，要告訴你他多麼的天賦異稟、多麼的鶴立雞群；甚或我們自己都會有認叻的時候。

特別係求偶

總有如孔雀開屏般加大力度展示你魅力之時。我真係試過食一餐飯隔籬明顯地求偶中的男生整整兩個鐘不停吹噓自己多麼的吸引，多麼的被女同事喜歡。縱然好想跟他說：「細佬你真係有點 over 咗呢，女生都開始反眼了……」還是連同啖飯往嘴裡吞。

當然如我一直講，保護殼是有它的價值，本身沒有多大的問題；只是當它被做得 over 了，才會出事。而最尷尬的是，你的自我吹噓其實係十三樓的大笨象，全部人都知除了你自己……亦即我與同事們常常講某些 client：

冇 INSIGHT

眾人皆知我獨 __（自我填充），幾慘慘豬呢？可能你會問點解會咁呢？通常自大 mode 有兩種，一種係原發性我好勁，另一種係後發性我好勁。（係咪好勁呢啲名？好多專家都鍾意用呢種好勁但唔知係咩嘅名詞，其實即係 Primary 同 Secondary，唔明後面解說。）

原發性自大

即真心覺得自己好勁地高人一等，應接受與別不同的待遇。其實不是一個保護殼，反而很多時候是那些成長被完全捧在掌心裡的寶寶。當成長時不斷有人洗你腦：你爸是李剛。又沒有哪個人告訴你，你真的沒有甚麼了不起；你便會猶如穿了國王的新衣，一直相信自己美好的世界。不過其實這類人真的不多，因為要好有外在因素 shape 到你咁，例如你含住條鑽石鎖匙出世、你爸係政要等等……所以其實大部分人都係：

後發性自大

即係其實內心自卑也好、覺得自己會失敗也好，如同拼命無羔與時時控制，都係一個用來保護自己的殼。讓別人看到我很有錢、我可以很離地自由行、我有多見識廣博，來保護那受

了傷的自我價值。不難發現這類 client 其實不少是成長欠缺了旁人的肯定，甚至被重要的人看不起過、被取笑過、被杯葛過。Again，佢越自大得離譜，十不離八九越小就欠缺那如陽光空氣的肯定。

所以我說，其實都是可憐人，如果，

世上多一點愛與肯定

容讓他們知道，其實輕鬆一點都會有人肯定自己的價值（你估日日我好勁咁唔劫？你有沒有試過沒甚準備但去 present，心會虛㗎……但又要繼續扮沒事，你想想要用多少 energy）；那可能他們可以暫時放下那身盔甲。

如果你是一直帶著這個殼的人，我想告訴你，It's OK。總會有愛你的人、可以讓你做自己而都會欣賞你的人。可能不是你的父母，可能不是你現在的伴侶，但還是會有那個人。就戴上你肯定而不是否定的眼鏡去找吧。

人際關係必修課
你的強頑保護殼
香港其實需要多些肯定與愛
不過我哋都係會否定人的時候
凡事不要太 Extreme

我衰我差我唔好
竟然用嚟保護自己？！

不難發覺好多人都會喺旁人面前說自己的不是，甚至有時真誠地同自己講，我差、我廢、我冇用、我冇人愛。明明就是一句極其負能量的說話，明明就是把自己踩到一文不值，但竟然可能是保護自己的保護殼？

先前講了三種保護殼如何於人際關係中保護到自己，保護到那脆弱的內心。不論你是因為內心覺得自己差、冇價值；覺得冇人會照顧到你的感受；覺得旁人總是會離棄你；還是覺得自己辦事能力低等等，都可以萬能地用殼保護自己。

但從你們的留言都會發現，有另一種殼老是常出現，卻又沒甚麼人覺得它是殼。那就是⋯⋯

認命保護殼

還記得當年會考（又係出賣年齡系列……）有過一篇引起廣泛討論的〈自嘲〉。其中講到自嘲其實係十分高明的處事方式，因為自己嘲笑了自己，旁人便不好意思繼續講你下去，亦沒有空間去取笑你。其實我認我差到貼地都是有同一個效果，歌都有得你唱：原來已喪心，但亦算好運，

日後已不可能更傷心

當我們把自己看成最差、最廢，我們就不用怕別人發現我們差與廢。當我們把自己當成沒人會愛，沒人會留戀，我們就不用擔心我真的沒人愛，沒人留戀。坊間常常講的「心理準備」，大概就是這樣吧？這個保護殼，好像提前為你準備最傷心的景況，那到真的發生時，我便不會那麼傷心，因為我可以講一句：

我都預咗啦

可能你會覺得如同去迪士尼般，做足了「心理準備」，我便不怕傷心不怕痛，有何不好？

少年你太年輕了。你忘了世上有吸引力法則？專業些講叫「自我實現」，即係好似史坦尼斯拉夫斯基嘅《演員的自我修養》，你入晒戲去把自己當地底泥，你做的就會是地底泥做的事，而別人亦會猶如對地底泥般對待你。最絕的是，當別人把

你當地底泥時，你又會跟自己說：人人都當我地底泥，我點會唔係？完美演繹甚麼叫自圓其說，繼而無限輪迴。

無數 client 的感情問題，甚至讀者有時 PM 我的問題，不都是這樣嗎？你覺得自己不值得被愛，你就任由渣男蕩女做表明你不被愛的行為，但又唔走（絕對有可能因為成長感覺，唔記得的話請參考〈你的父母如何 # 你的伴侶亦會如何？？！〉一篇），繼而又覺得自己命苦與不被愛。你確切地相信你個保護殼叫你相信的，梅麗史翠普嘅演技都沒你般厲害，

絕對可以問鼎影帝影后

如同龜殼一樣，越細開始有這個殼，這個殼便越強頑，越令身邊人想講句：「你唔好咁負得唔得？」然而身邊人又未必知道其實這是個殼。跟所有保護殼一樣，你越冇準備下想拆佢，佢會變得越硬，你只會拆到自己損手爛腳。甚麼叫冇準備拆呢？就係：

你唔好咁負啦
你唔係差呢
你唔係廢你好好㗎

好多時可能得到的反應都是烏蠅飛過都聽到的沉默與死寂。然後我們可能是嬲，可能是無奈，甚或是放棄。因為就算心口有個勇字，撼頭埋殼還是會痛，還是會累。

要旁人卸下這個保護殼絕對不易，要自己能卸下這個殼就更難。那到底點算好呢？至少你要知道：

到底你的內心在怕甚麼呢？

係失敗？係覺得自己冇價值？還是覺得你的感覺只有自己捱？除了靠輔導，這個探索自己的過程都可以一步步自己進行。喺你下次想告訴我或你身邊的朋友，「我係最廢最冇用最差最應該死咗佢」之前，不妨想想為甚麼有這樣的感覺？真的有充分證據去支持你的講法？如果冇，那大概只是感覺作怪吧？

人際關係必修課
你的強頑保護殼
別理我我犯賤
其實愛你點會唔理你呢
長期不停自摑
打在你身痛在我心㗎

避一時係合理
避一世卻會唔再有人理？！

　　大概我們都有過逃避的時候，有些話題我們刻意迴避，有些人、有些情況我們故意不見不聽不接觸。明明係地表最強的本能，但當逃避變成了一個長駐的保護殼，貌似很安全的世界，最後結果好多時卻是自己鬱鬱不歡孤身一人！？

　　失去以後捉得緊的不只得空氣，還有自責與內疚。但其實當問自己一句，當初為甚麼沒有做那件事、沒說那句話，你的答案又會否一如很多來看心理的人，原來源於害怕，原來源於我避開了那個不安？因為怕感覺到自己失敗，所以我不去見那份未必請自己的工；因為怕別人有機會笑自己，所以我避開了那個 Sing Con、那次做 Drama、那次入 X 隊（X ＝籃球排球游水體操韻律泳，you name it）；因為怕人哋最終會離開我，所以我不去開始任何關係；因為怕我不被愛，所以我不去讓人愛。

噢⋯⋯係咪已經講了一堆青春勵志片、愛情喜劇同中年危機劇情片的開首橋段？證明 # 逃 呢個絕對是你我他都會經歷過嘅模式。不過我必須要立刻講：

逃避是最正常的本能
逃避是最正常的本能
逃避是最正常的本能

太重要所以要 tag 三次。因為如果我們不懂得怕，然後避的話，應該十次都唔夠死。有危險，會避或者會打過係心理 101 嘅本能，所以避是最正常不過的反應。那不就是可以收工了？到底這篇文想表達甚麼呢？想講的就是：

本能錯用

問題是對比其他動物我們都有個無比發達的前腦，我們會思前想後，我們不只著眼目前的危險。我們會就過往的經歷，特別是成長所經歷的，去推算以後發生的事情。那麼，危險就不單是一時的意外、一時的突發事情，而是整個地球都很危險要返火星。不過我都可以告訴你，別信容祖兒，地球你處理不了的人際關係，去到火星也是一樣的。

誰告訴你事情永遠同樣地發生

財經節目都會話你聽，基金價格可升可跌，而過往表現並不代表將來之表現。那你怎會覺得事情都會一樣地發生呢？會不會又是因為你把過去的遭遇，

攬晒上身呢

如果以往發生的事都是歸咎於自己；因為我不夠叻、不夠好、不夠靚、不夠有才華，所以有那些經歷；那當然你會覺得事情會重複發生，因為你還是那個你。但你就沒有想過，其實從前不好的經歷，也可以是因為你父母不懂得愛、你那同學嘴比旁人賤、你那教練比別的嚴，甚至單純地唔好彩，他們心情不佳諸如此類的外在因素。如果這樣的話，事情將來就未必會同樣發生。因為，

你已經不是往日的處境
你已是能改變處境的你

但最攞命的是，當逃避已經成為你不可分離的一個保護殼，那你就沒有機會去試事情是否真的如你所想。而你所覺得自己的不足、自己的差、自己的沒人愛，就如亞視的《我和殭屍有個約會》一樣，一直在不同的時間與場合重播又重播，卻永遠得不到驗證。

所以你會發現，啲人成日叫人走出 Comfort Zone，其實甚麼是 Comfort Zone 呢？不就正正是叫你不安都要試嗎？你以為試多次個結果會一樣，但親愛的，其實真的要好好彩才可以結果次次一樣。如果你有做過任何心理研究，你就會明白，要永遠都試出同一個結果有多難，因為因素永遠太多。如果你覺得你次次都會有同樣的結果，你可以話我聽，你應該可以出篇文，因為呢個不就是科學家夢寐以求找到的定律嗎？下個心理學大師就是你。

一時的逃避是可以的，我們都需要時間去 process，去消化。但當永遠都避，最終你只會甚麼人、甚麼經歷都沒有。因為你會在那最安全，卻最冇意義的世界裡。

你又會逃避甚麼呢？又或是你聽過身邊的人會逃避甚麼？

人際關係必修課
你的強頑保護殼
唔賭唔知時運高
唔試唔知你多好
你避開晒咁愛梗係遙又遠得很啦

長滿尖刺人人離棄我？
傷人其實都係保護殼

有試過不明白為甚麼有個人可以這樣的不理他人、這樣的蝦蝦霸霸嗎？也許你不禁會問傷人不內疚嗎？不論是中學總會有的 bully，還是叫你垃圾、一疊 file 飛過來的魔鬼上司，我們在自己生活中總會見過、聽過，甚至遇過這樣的技安。只是，如果我們可以想像技安的世界，除了「小夫我要進來了」外，其實他都是個可憐人啊。

上幾回講過形形色色的保護殼，包括拚命無恙、極度控制、認叻、認衰、逃避等等，不難發現有個殼係主流媒體播到爛，卻還沒有講的就是：

傷我害我技安殼

由遠至外國戲《穿 Prada 的惡魔》、《深夜秀》（幾好睇的新戲《Late Night》，NETFLIX 有得睇）；到港產大台劇

的《不懂撒嬌的女人》Mall 姐、還有日日還在《愛回家》的大小姐，到真實地 viral 於網上的「十八巴港女」、學校 bully 掌摑撞牆踢波子，甚至我們共同兒時回憶的技安……都總是在描繪一個不理人感受、極盡苛刻的人。然後，就會有一個或者一班被心靈甚至肉體虐待的人，在怕、在哭、在求饒。然後你會問這班看似沒人性的人：

到底咩構造

甚至因為睇完《沒關係是精神病》，而說他們是反社會人格。（最怕就是大家亂咁話人有精神病，特別是性格障礙，Anti-Social 真係唔係咁簡單的 OK？）其實，你有沒有想過：

技安是個可憐人

有時候某些行為太搶，我們便很容易聚焦於搶的東西，然後忽略了其他令我們明白，甚至體諒對方的東西。到底技安是怎樣的呢？首先，技安媽常常覺得他沒用，只有責罵，你有見過她讚技安嗎？偏偏妹妹又文靜又會畫畫，不就很容易在家被比下去嗎？到回到學校，成績總是比不上身邊的朋友；就連諗住找個喜歡的興趣去唱歌，還是多麼的難聽，令人避之則吉。

如果技安在香港社會，就算不去自殺，都應該好快抑鬱。他可以怎樣拿回對人生的控制呢？怎樣才能尋回一點自我價值呢？就是要變強、要權、要你臣服於我！

傷了人我便不痛了

　　也許正正就是這個殼最大的迷思。沒了這個殼，沒了那種蝦蝦霸霸，也許技安早已成為第 N 個自殺的學童。而其實大部分有這個保護殼的人也一樣，都靠著個殼去掩蓋著那些需要，不論是沒有父母或伴侶的愛，是覺得自己失敗、冇用，還是某些自責內疚。

　　講到這裡，一如以往，很多人便問怎樣拆殼呢？我亦一如以往答大家，殼是一種生存本能，用了那麼多年，不是你說拆便拆的。猶如潛水中的人，你拉開他的面罩，他會同你死過的。如果背著殼的人是你自己的話，那還好，你知道了，便可以找出你那被掩蓋著的需要，慢慢減少個殼出現的頻率。但若是你身邊的人，我會說不要拆了，因為真係高難度動作，需要很多技巧（我做了這麼多年還是在畀錢的學）。那怎面對呢？又是老土時間：

愛與包容囉

　　其實最容易令人放下自己的殼，就是感到愛。你想想其實每套戲都是這樣的，不是你刻意去幫人拆，因為那是專業治療的範疇；反而是透過一些共同經歷，對方感到你的愛與包容，自然會少些背負著那個殼。

所以當你好嬲、好怨恨技安時，想想他的身世，可能會替你下了一下火。（當然不是說你唔應該嬲，只是理解會令你條氣順一點。）

　　你身邊的技安又是誰呢？

人際關係必修課
你的強頑保護殼
其實網上的 HATERS 都係一樣
你受過的傷有幾多
你的嘴便能有多賤
用愛感化他吧
越是誠懇對待
越是成為對方良心障礙

上完堂要做功課 ⑥

　　看了那麼多極強頑的保護殼，到底你又用了哪一個？又或是哪幾個？

　　而當你發現自己保護殼又再阻礙你時，不妨給自己以下的這一段反思：

我的保護殼是：	
原因是因為我經歷過：	
但今時是否仍同往日？	是／否
雖然感覺好像不對，但我可以嘗試理性一點去看這件事，就是：	

　　加油喔！支持你！

點解冇人教過我
咩關係原來都會有不滿

不論甚麼的關係，大概都有一個時間，我們會因為種種原因，對對方，或是令對方失望不滿傷心，然後想放棄……當一次又一次重複又重複，最終很可能得出的結論是我與甚麼家人、朋友、伴侶都不夾；又或是每次都在不滿過後斷捨離你的關係，然後最終發現身邊甚麼人都沒有；甚至時時刻刻都帶著形形色色的保護殼去做人。明明由細到大有人教你不要放手入電掣、用刀要小心；卻冇人大大隻字告訴過你：

人際關係請小心使用

講了那麼多回的保護殼，相信大家都明白多了其實很可能你身邊的人，甚至你自己，都因為成長、因為經歷，多多少少揹著一個個保護殼如《戰狼 300》般走過來的。當我們都身經百戰，很自然地我們會小心留意危險的訊號，那是本能。而當

你的人際關係，不論是同事、朋友或是戀人，開始令你有不滿時，你可能又會想：

要走定留呢

是否立即想在此得到一條計算方程式，然後得出一個合拍度來說給自己聽這個關係應該 keep 定 delete？抱歉幫你唔到，因為因素太多太複雜。如果有人告訴你一個簡單的算法，等於有人跟你說他有股票必勝方程式，我強烈勸喻你不要盡信。但我猜人際關係第一樣要知道的是，

不論甚麼人都會令你有不滿
你亦會令身邊的人有不滿

好像很難理解，但如果你想到畢竟我們都是有著各自背景、喜好、獨立想法的個體，而其實我們所欠缺的情感需要也不盡相同，再外加千錘百鍊出來的保護殼，又怎會可能我們能完全一致呢？那是王子公主的故事，卻沒人告訴你公主嫁了也是要面對生活與柴米油鹽；小至你想食的對方不想、你想睇的戲對方沒興趣、你想分享你的感受時對方是日缺席；大至你想移民對方想留、朋友各自成長了價值觀開始越來越遠、同事同你都想升都要博表現……

人生好累

當然對方令到我們不滿，或是我們令對方不滿的到底是甚麼，怎樣處理、轉化、與平衡自己的目的、價值與需要，是走是留，是可以再以數十篇慢慢講。但開始之前，你就必先要明白，人與人相處，注定會有不滿，所以不要期望完全舒服、沒有問題的人際關係。先生小姐，keep 住問你舒不舒服、從沒有令你不滿的人際關係，是揼骨做 facial，是服務，

是要畀錢的

好像顯淺的道理，卻當局者迷就忘了。我們怕對方不滿，所以想要的想做的都自動地暫緩；為了怕煩到對方，我有病也自己一個去醫院；怕對方嫌我阻住他／她，我很不開心都避免表達；又或是另一個方向，當我想表達情感時，對方因種種原因未能回應，不論是因為他心情不佳還是工作太忙，照顧不到我感受的一刻，我就想完結關係；當朋友時而熱情時而冷漠，我便心想也許這不是適合自己的關係；當阿爸阿媽與我的價值觀南轅北轍，我便想從此不相往來。

戴番個頭盔先，當然不是說以上任何一個狀況是錯！是唔應該這樣做（我們最容易出現的非黑即白陷阱）！只是如果是一個單純想避開不滿的選擇，那大概我們忘了：

關係是雙向的

無數正統的心理書都會用這個最老土的比喻，就是甚麼人際關係也好，都是一場舞。你在起勢跳 Break Dance 的時候，你忘了阿爸阿媽只懂跳茶舞；你想身邊人與你跳 ParaPara，其實對方想跳的是《咕嚕咕嚕魔法陣》的結他他舞。所以你需要問的是你知不知道自己的需要與價值是甚麼？從何而來？而對方的需要與價值是甚麼？又從何而來？

　　最終目的當然是希望 1 ＋ 1 ＝ 3。是大家都不放棄自己的價值卻又支援到大家做自己。我先幫你們說：「講梗係易啦！」「知易行難！」嘩，我都說人際關係是要小心使用，當然不易。不過因為不易，所以更應該慢慢學囉，喂，你活到一百歲可能唔需要再計數、再講英文，但你還是會有人際關係的。而因為人際關係能成為更好的人不就是這個意思嗎？

\# 人際關係必修課
\# 首先要知咩關係都要經營
\# 而同返工一樣
\# 有人工出但都會有氣受
\# 唔係即刻辭職又唔係永遠唔辭
\# 睇情況要衡量啦
\# 衡量咩就繼續留意劇情發展啦

在你要求對方之前
 # 請你先諗清楚你想點

不論是甚麼關係，都總會有兩個人的價值、目標不相同，甚至有衝突的時間。而當然我們會因此而感到不舒服，所以我們可能會想改變對方去做我們想要的；又或是改變自己接受所有。這個選擇好像是不由自主，性格使然，因為這個傾向，不是「得成」，而是成長所訓練出來的（請容忍這個好爛的gag，因為「得成」真係陪伴我成長）。但其實，每個人際關係上的決定，是可以：

用腦去秤去度的

上回講到，甚麼關係也好，總會有不滿的時間，繼而一波二波情緒就會海嘯般湧過來。所以最自然的反應，當然是立刻去行動去改。但問題就是，很多時我們太直覺，根本冇思考過自己不滿的背後到底是甚麼；而更加沒學過，原來怎樣決定與行動都係有辣有唔辣，

有付出有代價

當朋友邀請你飯局，其實你在平衡友誼與減肥；

當同事不斷問你問題，其實你在平衡自己的時間與幫人的心；

當阿爸阿媽要求你留在家多些，其實你在平衡孝順與自己的需要；

當伴侶要求你聆聽他／她的感覺，其實你在平衡自己的情緒與和他／她的關係；

所以每個人際關係的決定，特別是令你有情緒的，其實，

你都是在為自己選擇

不過好多時侯，不單我們不知道原來自己揀緊，甚至連自己有甚麼揀都唔知。拋書包時間，有研究講，每個人際關係的選擇，其實都在平衡三樣東西：你的目的、你與對方的關係，與你的價值。而臨床的經驗又會發現，其實真係幾好用，對睇心理的人，有個清晰點的框架去做選擇，是百利而無一害。嘗試為大家解釋一下如何用。首先，

你搞清楚你想點先

如同經典你想食甚麼，我答冇所謂但又每樣 ban 的故事，有時候，我們壓根不知道自己想要甚麼，又或是不清楚想要的程度到底有幾高。你究竟是真的決定要減肥，還是只是感覺想

而已？你是想幫同事，還是不想失禮，還是想表現畀上司睇？不留在家陪父母，你是否真的做到顧及自己需要的事？還是只是為了別人的需要？不聽伴侶的感覺到底是沒時間、沒心情，還是你覺得太瑣碎太重複？

唔好單憑感覺吧

雖然你覺得女人（或男人，或無性別，我好政治正確的說）的直覺可能很準，但憑直覺去做人際關係的決定，好多時都會焦頭爛額。你別說你睇了那麼多，到現在還不明白為甚麼！因為直覺就是存在很多成長所鍛鍊出來的保護殼啊！

可能你又會說：哇，那不是想很多嗎？喂！成長的其中一部分不就是用多些我們的腦、想多些人生的經驗來少些撞牆嗎？如果你還是覺得人生不要想太多，我又再問一句，當你真的受傷時，你會想得比現在少嗎？那些充滿懊悔傷心、徹夜難眠、碌來碌去的晚上，真的比現在想得少嗎？更何況，

有系統地分析總比天馬行空好

所以在要求別人之前，我們都要想想自己的目的是甚麼、想要的又到底是甚麼。君不見很多人其實爭粒糖背後只是為啖氣、揹 Hermes 只是想有人欣賞自己。而當你成身 LV 的時候，偏偏更得不到你想要的欣賞。

沒有想清楚的要求

其實好容易顧此失彼，失的更可能是你與對方的關係，又或者是自我的價值。所以下一次你人際關係上有不滿時，不妨首先諗諗你的目的是甚麼吧。

人際關係必修課
其實好多時你要求完
真係得到你又發現其實唔想要
贏咗場交輸咗頭家
其實要關係有效
真係要衡量好些東西的
轟烈的愛其實周街都有
懂得愛才是罕有

從小最應該學的英文字
其實係拒絕人的 NO

也許我們都有試過，為了對方的感覺而放棄自己所想要的；又或是為了自己想達到的，而要求對方遷就。問題是當這些選擇都變得理所當然，拒絕對方就好像越來越難。原來甚麼時候要開始在人際關係 say NO，其實是要學要練習的。

上回講到，人際關係上的決定，其實是一個目的、關係、與價值的平衡。有很多人追問到底所謂的關係，又或者價值其實是甚麼。篇幅有限，我當然會告訴你，你繼續 follow 下去便會知道，哈哈（廣告時間）。而上一篇我們講，在人際關係的決定前，先要想清楚自己的目的是甚麼。

但問題是，就算知道自己想要甚麼、不想要甚麼，臨門一腳面對對方時才發現，

我哋根本唔識拒絕人

或者猶如其他亞洲國家一樣，文化叫我們著重他人多於自己，社會從來都是主張 say YES。君不見 EPS 林海峰又是「Yes I Do！」借錢梗要還又是「YES！UA！」仲有連出賣年齡都要說的《Yes!》雜誌與小時候要儲的 Yes card。（喂，唔知咩嚟嘅話，就搵 Google 大神幫下你，以前好紅㗎！）

也許是慣了 say YES、也許是因為害怕對方有情緒（嗅，有情緒又唔等於對方情緒勒索你，你想要的得唔到，有情緒是人之常情），不論怎的，我們都好像沒有一個框架去衡量到底：

甚麼時候 SAYNO
怎樣 SAYNO

只有 Yes 的關係，猶如被包養一般，最終通常都會完得轟烈。只是我們苦惱的通常是甚麼時候 say NO 呢？根據甚麼呢？當然沒有一本可看到老的通書，請你要記住：

每次都是獨立的決定

即你上次容許了，不等於你這次不能拒絕；你上次幫了同事，不等於這次也要幫；你上次為了女友放棄了與朋友見面，不等於這次也要一樣。同樣地，對方上次接納了你的請求，不等於下次也要答應你，而如果當對方拒絕你，你就覺得她／他不再重視你，甚至講那句：

你以前都唔係咁嘅
你唔愛我啦
你唔關心我啦

我想提醒你，這樣你最終應該很難維持任何關係。那該如何衡量甚麼時候 say NO 呢？不妨給予自己一些框架和條件，或者會容易一點去考量。以下一些例子：

唔拒絕到底有幾影響你

當然首要是看結果啊！如果要你賣身賣樓當然拒絕的程度便要高！（你唔好以為誇張，君不見 California 都可以為了幫大隻教練而簽幾廿萬卡數；為仔仔都可以出賣自己嚟還債，真係可以好迷失㗎。）就算不是很嚴重的後果，但不拒絕會很影響你與其他人的關係的話，拒絕程度都應該高一些。

對方有冇咁為你先

如果你發現從來只有你為他 say YES，而沒甚時間是他為你 say YES 的話，那你便有足夠的本錢去要求或是拒絕了。可能你又會想攬上身，覺得因為自己沒所謂所以沒有要求過對方，但親愛的，你以為對方真的不知道你有需要嗎？只是大家都接受這種單向的關係吧。

你係咪應分先

請記得我在說的不單是情侶關係，而是所有人際關係。所以到底你有沒有道德或者法律責任 say YES？如果你不知道的話，不妨借你信得過的身邊人腦袋，旁觀者清啊。

時機啱唔啱先

你也不是不知道 timing 的重要性，到底現在是否合適的時候 say NO 呢？猶如《Emily In Paris》中剛分手而又在巴黎的 Emily，與還是在 Chicago 有男友的 Emily，當然有分別吧？你與對方此時此刻的處境對於你有多堅決 say NO 也是很重要的。

以上都只是一些可能的框架，根據你自己的價值與想法，絕對是可以增多或減少的。而最重要的還是，

懂得為自己在需要時 SAYNO
也接受別人對你 SAYNO

你身邊又有沒有 Yes Man、Yes Girl ？告訴他／她其實不需要時時首肯吧！

人際關係必修課
下回講下點拒絕好
其實真係要學
要即刻嗌唔好
但唔使叫救命

　　有沒有試過明明想拒絕一樣東西，講了良久還是拒絕不了？拒絕人的難度，除了在於要衡量對方的感受，很多時候更在於方向一不清晰，便被對方帶著遊了一輪花園，最終還是拒絕不了不想做的。其實拒絕別人，與要求別人一樣，都需要想清楚到底要拒絕的是甚麼。要 say NO say 得成功，其實還是有方法的。

　　上回講到，拒絕別人是人生必學的一堂課，成為不理自己需要的 Yes Man 其實不是一件可取的事。所以需要用一些框架和條件去衡量拒絕與否。當你想了一輪，然後決定拒絕時，可能你的下一個問題是：

 # 到底點 SAYNO
 # 拒絕而不失霸氣

也許我人生拒絕得最多次的對象，叫健身教練。當年還是有 California 與 Physical 的世代，去做 gym 就如同走進現在的一個新樓盤，總是有不同的人向你招手。你推胸也好、sit up 也好，總有人跟你說這裡不夠好、那裡可以再進步，然後叫你簽 12、24，甚至 60 個月的合約。絕無貶低教練們之意，只是當工作份合約都沒有 5 年，真的沒需要有 42 吋巨胸，更沒有的是，錢。（當年我都係剛踏進社會小鮮肉 OK？）

練習拒絕最佳的地方係 GYM 同美容院

首先，你要清晰表達你的感受。不論對家人、伴侶，還是朋友，實在有太多人靠眼神、靠心領神會來覺得對方會明白自己的感受。

我已經黑晒面唔出聲

對唔住，其實你嬲的黑面、不滿的黑面、肚餓的黑面，與你其實在想事情的沒表情其實都是一樣的。所以現實是，絕大部分人都不明白亦不理解到底你有甚麼感覺和想法。所以在拒絕前，你都需要把自己的感覺說出來。

其實我冇錢、其實我覺得親戚好煩、其實我怕食生冷嘢、其實我想睇波、其實我已經很劫……你的感覺很重要，所以才更應該表達。接著才道出你想拒絕的事情，唔係要講明的那種曲線，係：

直線表達

有時候因為轉彎抹角得太多，你想拒絕的事情便變得模糊，而整個溝通更不知飛到哪裡去。我不需要教練、我不去跟親戚食飯、我不吃壽司、我不陪你去 shopping……

如果對方唔肯呢

不妨試下給對方些甜頭，來加強一下，同上世紀去羅湖商業城買東西一樣，

是要講價的

交流是雙向的，當你願意為對方做一點點，對方又可能讓步多一點。當然，那個講價是要衡量的。當別人在性騷擾你，你也不用給予一個還價，大巴車埋去便好。但我想，大部分人有難度拒絕的，正正是不那麼絕對的情況。所以，也許給予一個合理的讓步會令你拒絕得容易一點。

我真係需要嗰時嚟搵番你、最多我下次冬至先去、一係我哋去有熟食嘅日本菜、我放假先陪你去 shopping……

等價交換是常識吧

然後你會發現，最多人落入的陷阱，就是被對方岔開話題。即很多時候你明明是拒絕不和親戚吃飯，變了討論你是否不孝；明明是不去和女友 shopping，變了討論是否不再愛她；明明是不想買健身堂，變了討論我的胸是邊大邊細。所以說，你必須清楚自己想拒絕甚麼，然後重複表達你的拒絕。

政府最佳示範

猶如 lag 機般 repeat repeat 又 repeat。不論對方怎控訴你，你還是要重複你不去吃飯、你不去 shopping、你不買健身堂。記著，你已經衡量過所以才提出拒絕啊（佢唔完全滿意就梗㗎，你 say NO 一定有人有負面感覺㗎），別被對方帶你去討論其他。

我不會像 Kitchen Hacks 般告訴你，美美的一次就會成功。反而，每次教 client 都要練習再練習再練習才能慢慢拿捏。值得嗎？那就要問你自己。不過對比起瑜伽、學車、打機，只要一日你還有人際關係，一日都應該還用得著。

不妨試下這些方法，再分享下成功與失敗吧。

人際關係必修課
最近好多書都講 SAYNO
齋睇唔夠㗎
真係要練㗎
好多人睇咗書就當識
圖書館管理員咪都可以做手術

上完堂要做功課 ❼

先易後難當然是 client 甚至讀者們最常出現的感覺啦。那我們就一起即時練習如何拒絕而不失霸氣吧！

想拒絕的情況是：	
表達感受	我的感覺是：

直線抽擊，提出要求	所以，我想拒絕以下的這些：
講價時間	我願意給予對方以下的甜頭：
政府發言人般重複 （切忌被岔開話題）	我明白你不想，但我還是想拒絕以下的這些：

人際關係上唔諗自己價值
 # 可能最後會好憎自己

　　你到底是一個怎樣的人？是擔屎唔偷食的誠實？是父母大過天的孝順？是兩脇插刀的有義氣？是要別人欣賞自己？你可能會發現，

香港越來越少人講價值

　　這個價值不是指你有多好或多不好，而是你覺得重要、你想追求的道德標準。人越大，人際關係上越容易忘了自己所追求的價值。問題就是當我們不理自己道德價值去做人際關係的決定，最後好易：

變成一個極乞人憎的 PK
連自己都討厭自己

上回講到，人際關係要懂得適當時 say NO。而拒絕的背後，是我常說需要諗過度過的決定。除了平衡自己想達到的目的、與對方的關係外，其實你的價值都需要好好考量。

可能你會發現，講得最多價值其實是細個的時候。我還記得小學有禮貌卡、有誠實卡；你的成績表不會只用成就來給你評語，還有你怎樣對待他人，你怎樣面對失敗（人大了發現老師的筆跡何其溫暖而珍貴，即係那些大大隻字「努力不懈、待人以誠」之類的金句）；你睇《美少女戰士》同《新魔神英雄傳》，（絕對暴露年齡系列，唔識嘅上 YouTube search 番嚟睇！）不論多困難，還是要靠友情、靠勇氣和愛去追尋正義。

然後，人大了，好像社會只告訴你：

有樓有錢有人生
樽鹽不能當飯食

再沒有人欣賞你的內在、再沒有人大大隻字表揚你恪守的價值、再沒有在電視看到保守價值的重要。但我想鄭重的告訴你：

其實你的內在很重要

沒有甚或是完全放棄自己的價值，同沒有夢想一樣，是會變成一條鹹魚的。你到底想成為一個怎樣的人呢？

慶幸我身邊還有勇敢做自己的人，去跟自己價值走的人。有真誠、有盡責、有孝順。《梨泰院 CLASS》的朴世路，不就是用愛人待人好來行嗎？

世上不是只講成就的

那與人際關係有甚麼關係呢？喂，你真的沒有發現其實很多人際決定都是有考量自己的價值嗎？

你想找個小三來尋開心；要平衡目的、與伴侶的關係，更有自己忠誠的價值。

你想射波唔同老細開會；要平衡目的、與老細的關係，更有自己盡責的價值。

你想搬去同伴侶住；要平衡目的、與家人的關係，更有自己孝順的價值。

你想分手；要平衡目的、與伴侶的關係、更有自己有愛的價值。你怕對方打擊太大，你要擇日失戀。

甚麼叫不擇手段？不就是不去想自己的價值嗎？縱使大台劇黑白分明可能過分簡單，但都會告訴你，完全不想自己的價值，是會令人越來越不尊重、繼而討厭自己。出賣自己的價值，有時比出賣自己的身體更傷，完了你的心可能更空洞。不過，親愛的，記住時時只靠你的價值去選擇都是會觸礁的。因為你會變成：

食古不化的道德 L

所以講到底，每個人際的決定都是一種平衡，永遠只顧及一種，一般都會弄至焦頭爛額。而這個平衡，難，卻有一輩子來給你練習。而且，我們都能互相支持大家啊！

你有欣賞他價值的人嗎？不妨做一次他的中文老師，大大隻字告訴他你多欣賞他能恪守的價值吧！

人際關係必修課
咩都係平衡
做個好人唔容易㗎
尤其當馬可以變鹿
我哋更加要珍惜身邊跟住價值行的人
亦要珍惜自己還在跟住價值行
我都會好欣賞你的

我明白點解你咁做
唔等於我唔應該有感覺囉

　　人際關係上，我們大多都是好寶寶。我們會儘量體諒身邊人，猶如心理學家一般為對方的行徑補上原因。猶如我所說，了解對方令我們反眼的行為背後原因，是能令我們的怒氣稍為卸走一點。但有時候，我們會不自覺地變得 over，開始由明白對方伸延到怪自己怎樣還有感覺，一輪內心小劇場對話又來上演：

你嬲咩啫
你都知佢唔想㗎
你明佢點解咁做㗎

　　你估甚麼關係在我的 client 中會最常見這種想法？給三秒你想想……1……2……3……

當然又是原生家庭啦。都說你們其實心都是很好的，總會為對方想很多。尤其是人大了，著實十個看心理的，六、七個都會說現在回看小時候，是不開心，孤單，嬲；

但我明嘅

明白甚麼呢？就是：

「雖然我孤單，但嗰陣時個個都係咁㗎啦！」

「我細個覺得佢唔錫我，但而家諗番其實係佢哋唔識表達啫！」

「係冇人關心我，但阿爸阿媽都冇學過，佢哋都係咁大㗎啦！」

是否發現我們都可以做高官，因為都是單一事件、都是有原因、都是情有可原、都是不足但可做得更好。其實講到這裡本身都沒有甚麼不妥的，甚至還有點正面價值。因為當我們理解他們多一些，也許那些嬲、那些鯁在心中的不快會紓減一些。

問題始於你開始講唔應該

我最常聽到的（真係成日都聽，啱啱離開我間房那人先講完⋯⋯）就是「唔唔」：

「唔」應該同「唔」需要。

「我明佢哋都唔想，我唔應該嬲／唔開心。」
「都過咗咁耐啦，嬲／唔開心都無謂啦。」

但實情是，你心還是戚戚然。否定再壓抑自己的感覺，是何等用力的事，亦令你的負面情緒一直蔓延。沒處理的情緒是單細胞生物，是會自我繁殖的。一直用你明白對方為甚麼這樣做，來叫自己不用不關心，不用嬲，其實叫：

否定自己感覺

受了傷就是受了傷，對方甚麼原因攞刀傷到你，不小心也好、被迫也好，你都冇需要扮唔痛。接受自己嬲、唔開心；繼而容許自己合理地表達這些感覺，方能為自己療傷。當然不是叫你不理情況亂發脾氣、也不是明知對方講完不明白之餘，還會加以否定和傷害你，都還是直接向他們表達。

人際關係濕滯的地方是每個情況都不同，沒有一本可以睇到老的通書。但至少底線是我們可以肯定自己的感覺，而接受自己有這些感覺。甚至分享你的感覺給你信任的人，要知道：

世上沒有錯的感覺
只有當感覺係錯的人

而呢個特質，亦不只限於家庭的關係，其實任何關係，我們都要面對並接納自己的感覺。雖知道有大師曾經講過，大多的心理問題其實都源於要否定與逃避自己的感覺。

　　所以好心地的人，在了解別人的同時，都要肯定自己的感覺唯！（當知道台灣 2021 4Q 先開關，控制不了沉靜已久嘅台灣腔⋯⋯）

人際關係必修課
情緒調節系列
日日都有人話自己唔應該有感覺
其實感覺真係唔係你叫佢出嚟就出嚟
唔出就唔出嘅嘢
同肚餓與眼瞓一樣
你知你點解肚餓同眼瞓
唔等於你就會唔肚餓唔眼瞓係咪

你有沒有聽過人說，我對你那麼好，為甚麼你不回報我？甚至可能是你自己亦講過：我錫你，所以你應該錫番我？好像很合理，如同街市買菜般的等價交換。但也許沒人告訴過你，人際關係從來不是那麼簡單。不考慮不同的因素，只用這規則來控訴對方，最終很可能只換得被人討厭，甚至一句：

咁你唔使對我好啦

早幾回提到，人際關係的決定需要平衡你想要的、你與對方的關係，與你自己的價值。要活學活用當然是要經年的練習，（你學車都要一年半載啦，何況人際關係咁多組合呢？）但其中一個老是在人際關係中出現的困擾，就是我為對方給了一百，為甚麼對方只給回七十、五十，甚至三十呢？

都說人際關係沒那麼簡單，所以這樣的情況當然可以有很多解釋。但在我見的 client 中，其中一個常常出現的就是：你做的一百，其實不是對方想要的。

資源錯配

任你好好的為你的車入滿了整缸汽油，但你不了解其實那是柴油車，車終究還是會跪低的。（我真係喺外國試過……咁就冇咗幾千蚊仲要保險唔包……=.=）不論家人也好、戀人也好、朋友都好，當我們不了解對方，你投放再多的心力，付出再多的精神，很可能還是徒勞無功。

你用一個禮拜學整蛋糕畀對方，但其實人家唔鍾意食甜嘢；

你畀幾千蚊一個月幫仔女報興趣班，但其實佢根本只想無牽無掛地玩；

你周柏豪咁六天日本為你準備，但其實人家難忘他好得不可以忘記。

咁我點知佢想點

如果你不是有自閉症譜系障礙，多多少少其實我們都有能力去留意觀察對方，去明白對方感覺與想法。當然不會全中，但至少我們有個基礎，接著便是要去溝通。問問到底對方想要的是甚麼，而又是不是我們能給呢？我們最易鬼掩眼的時間，

就是當我們太想要某些東西，目的太強烈，就忘了與對方的關係與自己的價值。跪地餡豬姆，不停的付出，連對自己重要的家庭、事業，甚至自尊自重都唔見埋，

通常都冇咩好結果

你本了條命，就沒甚可能不求回報，收不到那麼多，自然就會控訴對方，覺得是對方問題。但你見唔到，你唔中 point 的一百，其實可能對對方來說只是二十、十，甚至係零。而有時亦要接受，對方想要的，其實你給不到。你給再多的其他，也無補於事。李聖傑都有唱啦：

你想要的我卻不能夠給你我全部
我能給的卻又不是你想擁有的

如果你能慢慢找到那個平衡，你應該會舒服一點。而第二樣更重要的就是說話的方式：

不攻擊不威脅不批評

老土得很，但當你想要從對方身上拿多一點，用我對你咁咁咁、你點解唔對番我咁咁咁，其實是嘗試令對方內疚。也許一次半次是會奏效的，因為人大多怕麻煩。但你要知道，用攻擊、威脅同批評來向對方討東西，其實等於用鏹水通渠，頭幾次會通，但再用條渠是會腐蝕到穿的。這其實就是確確切切的

用內疚來情緒勒索。當你常被人勒索,慢慢你都會變得憤怒,甚至厭棄這段關係。

如果你不想你的關係爆屎渠

把你的 Passive Aggressive 收起吧。坦誠的溝通,明白自己與對方的異同,再留意自己的價值,才能使你的關係容易一點噢。

人際關係必修課
係知易行難㗎啦
好過唔知啦
人係時常需要提點嘅
不過我真係最憎聽人講呢句
通常個心都想回方人叫你咁做囉
頭盔先戴好
講緊其中一個陷阱咋
唔代表你關係唔好一定因為呢樣

你以為嘅玩下咋嘛
 # 可能係推人去死？！

有沒有試過又或者聽過，身邊有人說了一些話，打了一些文字，又或是做了一些事，傷害了別人以後，背後原因卻是：

 # 我玩下咋嘛

也許是真的覺得事情對自己沒有甚麼大不了。由小到大，總有人跟你說，要設身處地為他人想想。但是，如果我覺得事情發生在我身上也沒有甚麼大不了呢？那是不是就 OK 呢？

聰明的你當然會知道我想講的答案。現今大家對情緒的了解都已經比從前多，很多人都會講：

 # 同理心

但有幾多人真的明白同理心呢？真的不單是你在他的處境到底會怎樣。如果這就足夠，就不會有那麼多一句激嬲女友系列。

你咁咁咁解決咪得囉
我幫你做咗佢啦

其實他真的有設身處地想如果他是你，他會怎樣解決。只是⋯⋯

問題係佢唔係你

真的同理心，是如果我跟你一樣性格、跟你一樣的成長背景、跟你一樣重視這些，輕視那些，我會有甚麼感覺？

現今的世代，傷害人易過食生菜。由從前要在學校才能劃花你的書、倒水入你書包；在機舖才能撞你、串你；到現在只需 swipe 兩 swipe，畀個嬲嬲，留下最狠毒、比《延禧攻略》更虐心的留言。不到一分鐘，可以把一個人侮辱得最無地自容。

我講下咋嘛
唔係咁都唔玩得啊

喂，就係唔玩得啊。你唔係唔明白，崩口人忌崩口碗啊？接收你一分鐘內打完嘅「肥過豬西」、「廢到冇輪」、「咁都POST出嚟獻世」（下刪一萬字講完落地獄嘅留言），可能正正就是從小被父母虐打得毫無自信、被你們很懂的原生家庭傷害過的人啊。

研究以及我的 client 都會告訴你，很多性格障礙的朋友仔，或多或少都有被人欺凌過。或者你會說事情是雙向的，明明是他／她乞人憎，明明是他／她先撩者賤。是，也許他們亦可以好一點處理人際關係，但你睇得這一篇，你都是想：

做個負責任的人

我始終相信，絕大部分的我們都是善良的。儘管我們都有很多保護殼，儘管我們不是時時刻刻如保良局愛心大使一般，但如果有個人企在崖邊，我相信我們：

係會拉佢番嚟而唔係推佢出去

只是我們又是需要提醒，提醒自己我們不了解對方是怎樣活過來；提醒自己我們也許看不到別人所背負的；提醒自己我們的一句「玩下咋嘛」其實足以把人從崖邊推下去。

也許大部分人都已經過了最容易欺凌人／被欺凌／旁觀欺凌的年紀，但越多人了解行為與言語都有同等的威力，了解

「玩下咋嘛」其實係詛咒，嘗試容納唔喜歡唔一定要攻擊，也許世界會美好一點。

人際關係必修課
希望世界多啲愛
係知易行難㗎啦
成日睇十二三歲就掌摑扯頭髮
唔係就拳打腳踢
最後又要嚟睇心理
唔好啦
每個人都值得有開心嘅成長㗎

你真的不是對方肚條蟲
＃別做關係上的老屎忽

人際關係中老是常出現的另一個情況，就是覺得自己應該要明白對方想法，又或是對方應該明白自己在想甚麼。因此你很容易便會聽到：

＃我唔明點解你咁做囉
＃你明明應該咁咁咁㗎嘛

可能你會問：我話我唔明喎？唔係講我明喎？表示好難理解中⋯⋯？

但你細心想想，你所表示的「唔明囉」其實代表了你覺得本來都是應該明白對方，而這一刻不明白，所以你表示有問題。而你會發現，這個狀況其實發生在不同的人際關係中。

阿爸阿媽會問：你當屋企係酒店？我唔明點解唔幫下手囉？

男女朋友會問：你日日就打住部 PS5，我唔明有咩咁好玩囉？

公司同事會問：你發緊夢啊？我唔明點解你做得咁慢囉？

是否發覺耳熟能詳？更甚的是，當你自覺以為應該明白，然後發現理解不了，便會開始有情緒，會嬲、會發脾氣，然後怪責對方，為甚麼不能令自己明白，為甚麼出乎自己的意料？

我們最怕沒控制

你一定見我常說，人最怕沒控制。我們都是習慣的動物，除非你天生極低敏、愛刺激，否則我們大多想事情在我們意料之內，掌握之中。所以我們期望身邊的人做到我們所預期的，猶如我們是他肚內的蟲，能洞悉他的想法。

但你真係唔係李公公呢

你亦不是大秘書，當他們猜錯要殺頭，都不是時時猜得中主子的心意，我們又怎會能夠時時知道身邊人為甚麼做甚麼？心理學家會告訴你，其實在那間房那張櫈上，當有一個安全的空間去表達，人總有最出人意表、你想都沒有想過的原因與想法。

真係唔係舉起條尾就知呢

所以就算你識了對方數十年，都不要期望自己會完全明白對方所思所感。最大的溝通陷阱，亦是學心理治療最易中的一大陷阱，就是：

你以為你知但其實你唔知

然後，往往得到的就是「你唔明囉」，而再醞釀下去的便會變成「我冇嘢想同你講」。與身邊人的鴻溝，往往就是這樣開始建立。

別做關係上的老屎忽

不論甚麼關係，隨著年資越長，與工作一般，你越易變成老海鮮。即是做得久，便以為自己樣樣都知，不再好奇不再容納新的東西。當關係上以為自己完全明白對方，不再好奇不再問對方的想法與感覺，在經濟不景氣下，你得到的可能就是一個大信封。

然後到這裡，又可能有人會說：「我有問㗎，但佢唔講啊！」當然背後有很多可能，但也許如同你做 appraisal 老細問你對公司有甚麼意見；又或是女友突然問你「我今日靚唔靚」一樣，我們沒有安全的空間是不會剖白自己想法與感覺的。

人際關係必修課
關係老屎忽篇
真係包括但不限於戀愛㗎
你睇你父母
其實你不懂他的心

有安全感的人際關係
叫你想父母點對你

　　講了那麼多人際關係 101，你可能多了認識芸芸「唔好啦」的狀況，而你亦會發現，不論甚麼關係，

其實我哋都要安全感

　　而安全感不單是沒有危險，更是能安全地表達自己的感覺與想法。君不見最多人希望的關係，不是對方擁有劉鳴煒的 package（當然有都唔拘），或是天使樣魔鬼身，而是老掉牙電影說的，在關係上⋯⋯

可以舒服地做自己

　　上回與上 N 回都提到，不要把明白對方當成理所當然的老海鮮，亦要提醒自己不要在關係上忘了自己的目的與價值。但自然最多人問的，應做甚麼去經營人際關係呢？

你會發現，由細到大，你有機會上經濟時學過如何經營生意、上中史讀過如何經營國家、上生物學如何「製造」生命。怎麼卻沒有一科叫：

關係經營科

朋友也好、伴侶也好、跟父母相處也好，其實我們都跌過痛過，甚至跌緊痛緊，怎麼沒有一個如國教般的強制專題研習？也許真的太複雜、也許沒有一本既定的通書？如果嘗試用心理簡單地去講，就是重要的關係我們都需要建立 attachment，再簡單的講，就是問一句：

你想阿爸阿媽點對你

那你就可以用來當參考，去對身邊重要的人。先前說過，我們的伴侶多似父母對自己的模式，因為人的情感需要，不論年齡其實也很一致。不論甚麼關係，只要是你重視想經營的，都可以用你想父母怎對你來作參考。當然不是完全叫你當對方是你的子女，而是你的態度與方式。

我很喜歡一個朋友所說，好的父母，就是能給予愛與關懷去支援子女成為獨立的自己。要每個狀況去講，當然難，但大原則也許就是，試著了解和關心對方的想法與感覺，亦容許對方做自己。

每日暫停十分鐘
聽聽對方心底夢

猶如你想阿爸阿媽關心你一樣，我們都需要重要的人關心我們，而關心的同時，又不是否定你的感覺。你重溫一下你有多討厭阿爸阿媽在你表達感覺時告訴你「都話咗你㗎啦」「好少事啫使咩唔開心」「你應該咁做呀嘛」諸如此類的說話？

佢唔講咁又點

你細個心情唔好，唔想出聲時你會想父母怎樣？你會想他們 chur 下去嗎？還是給你空間去消化，但又讓你知道有需要時「I am here」？不是每個人都在每個時間都可以表達到自己的感覺吧，甚至有時根本自己都不知道感覺是甚麼。

咁即係咩都就晒佢

你又想想，你理想的父母是否真的會甚麼都縱容你？完全不理自己感覺？還是他們也有自己的生活，繼而與你想要的作平衡？他們還是會陪你，但有時亦會叫阿公阿婆照顧你一天，然後二人世界；他們會在你被同學笑、學業壓力大時陪你撐你，但又不至於如嫦娥般每事告訴你應該怎樣、不應怎樣；而他們亦會在自己有情緒時先處理自己，方再找你傾訴支援，而不是全然依賴你去解決，或完全不告訴你任何東西？

生仔的確應考牌

　　如果你同意的話，請你先為自己練習。也許你未必有小朋友，但你一定有重要的關係（呢樣都冇，只睇呢本書真係未必幫到你，要再搵多啲幫手啦）。而每段關係，其實都可以訓練懂得有自己的情況底下愛對方，而呢個懂得愛嘅牌，比起車牌、水電牌，甚至律師牌，其實更值得擁有。

人際關係必修課
你又想話講就易呢
所以咪叫大家練習囉
我都係做得麻麻哋咋
不過有個大原則可能幫到多啲
成世人都有得你學

你的內心很珍貴
 # 讓人內進請小心

　　也許我們都需要學的其中一堂課是，在容許別人進入內心前，是需要時間和理性先審視一番的。

　　上幾回都在說情緒調節的方式，目的是希望讓大家有情緒時多些工具在你的口袋中，如果你勤力的話，應該可以慢慢整合到一套幫自己調節情緒的方式。但你不難發現，我常說，你的經歷絕對會影響你自動的想法與感覺，你過往有多慘痛、有多傷就很決定你往後自動的想法與感覺。所以，

開放自己心門要小心

　　原生家庭我們當然改不了，不論你阿爸是酗酒，還是你娘親只偏心細佬，小時候的我們都猶如只能選擇咖喱味的「唔唔」，還是「唔唔」味的咖喱，根本沒有選擇；而成長亦會造就我們的直覺，怎麼與人相處。但人大了，

對咩人剖白其實有得揀

很多時候，初出茅廬的自己總是憑感覺選擇與別人交心與否。也許是覺得對方與自己興趣相近玩得埋，也許是對方看似開朗、有樣有身材很喜歡。當然不是說憑感覺一定不妥，也有一些這樣就找到珍惜自己的人的勵志故事；

不過焦頭爛額的亦唔少

而往往很多 client 也好、讀者的 PM 也好，就因為這些經歷從此把心收起來，又或是常常處於不安的狀態。也許除了雞蛋六隻糖就兩茶匙的感覺之外，我們還是可以如同加啲橙皮一樣加一些理性，去衡量到底自己的心門開不開、開幾多。首先我們要知道的是：

全開與全關中間是有很大的空間

而憑著經歷，門開多少是可以調校的。如同你的瀏覽器一樣，安全權限到底有多少，就要看網站過往表現。那到底要看甚麼？首要是：

對方會否重視你的感覺

到底這個人一向當你表達一些日常的感覺時，會有甚麼反應呢？你對他說今天的不快，對方到底是置之不理、否定你

的感覺，還是真的在乎回應？如果是前者，那麼你就要想想到底是否可以表達更進一步內心的感覺呢？不過請記住，是「一向」，是很多次的日常，而不是憑一次兩次的感覺。因為人有三衰六旺，也許那天他心情不佳、很忙、身體不適、姨媽來訪（下刪一百個原因）。

有心沒技巧

而再者是，有些人有心，但基於自身的經歷與性格，也很容易不能回應到你的感受。那你又要再想想，到底剖白自己能有幾多，又當你真的不太 OK 時，找誰會比較合適。說到底，也就是如打羽毛波一般，對方連又高又慢的球都接不了，你再一個波剎下去，對方又怎能招架呢？

輔導其實都係咁

當然，去到臨床工作時，是有科學實證的治療的。但在科學當中也有人夾人緣，其實研究會說人的因素亦會影響治療的結果。所以在心理治療中剖白自己，很多時亦是循序漸進的。就是你發覺對方回應到自己的感覺，明白到自己，那就再透露多一點、深一點。

亦有很多人問到底怎樣找合適自己的 counsellor ／ therapist，我會說感覺重要，但同樣要加多些理性。由於在香港甚麼人都可以說自己做輔導、提供形形色色的治療，除了

你的感覺與對方的口碑之外，也就是要有資歷。臨床心理學家也好、輔導心理學家也好、靜觀導師也好，都是需要知識與技巧的訓練，不是說有資歷就一定好（即係醫生要考牌都有好多黃綠醫生啦），但至少多一重安全保障那些人懂基本的東西。不妨 check 下對方有否在香港心理學會臨床（https://hkps-dcp.org.hk/en/）或者輔導心理學組（https://www.dcop.hkps.org.hk/）註冊。

最近見到很多非主流的治療，亦有很多人看了很多學術文章然後用中文說出來，就當自己懂輔導懂心理治療。如同你睇咗醫科書講得出唔等於你識做手術，有很多臨床的經驗與技巧不是書本所能給予的。再講多次，不是一定不行，飲符水都可能覺得好啲，因為世上有 Placebo Effect，但在完全開放你的心之前，請小心選擇！

人際關係必修課
門常開其實很危險
真係要帶腦識人
睇輔導亦然
最近聽太多睇完仲衰的故事
其實資歷是很重要的
其實係咪應該整個心靈 OPENRICE
等大家易啲找到合適的人
希望大家都找到啱的人啦

其實照顧人之前
係要先照顧自己㗎

你也有照顧別人情緒到身心俱疲的經歷嗎？關心身邊人是社會的老生常談，但很少人會教你，其實照顧人之前……

必須照顧自己

安撫身邊人情緒是有方法的，要聆聽對方所需要的，而且在適當的時候給予空間對方自己去消化。有這樣做過的天使寶寶（咁多愛畀其他人，又令世界美好一點，仲唔係天使寶寶？）都一定會知道，其實這是一個十分困難的過程。

要呵要忍要氹要陪

所以不論是你們的 PM、來看心理的人，甚至身邊的朋友，都有一部分因為照顧身邊人弄至輕則面色枯黃、重則鬱悶糾

結。也許是社會潛移默化的價值、也許是成長所植根心深處的概念：

對父母要孝感動天、對親人要愛護有加、對朋友要肝膽相照、對伴侶要呵護備至。當然這些想法與概念是沒有錯的，但問題是好像問漏了一樣東西：

對自己呢

廣告有說，要贏人先要贏自己，但怎麼沒有人說：

要錫人先要錫自己
要照顧人先要照顧自己

當你搭飛機時（……我知好耐冇搭過，回憶下啦），廣播都會叫你氧氣面罩掉下時，要先為自己戴上，才替同行的小孩及老人戴。那不就是因為，你死了，那個有需要的身邊人只會更活不來。同樣地，當對方已瀕臨情緒到頂，如果你也同樣地到頂，他也可能更「捹手唔成勢」，更遑論互相照顧啊。

咁唔通唔理佢唔聽佢講嘢咩

又是提醒自己不要二元化的時候。世上不是只有照顧與不照顧、聽與不聽、幫與不幫的選擇。甚麼時候聽，在怎樣的環境照顧，在甚麼前提下幫，也是有很大的空間。

其中一個別人知道你是心理學家會經常問的，就是你天天接受那麼多悲天憫人的負能量，不會到頂的嗎？我的答案是，我是人當然會啊，但不單是因為照顧別人的情緒，而是工作也是會有壓力的。當你感受到開始到頂，那就是：

要放假的時候

我的假是放下工作去飛（⋯⋯明明係搵藉口畀自己過「飛人生活」），那你照顧身邊人的假是甚麼呢？

不是說放完假便沒有情緒，照顧別人時不再辛苦，而是能為自己緩減些壓力，因為很多時候，不論是因為對方有情緒病、有頑症、有好惡頂的原生家庭⋯⋯

都係一場持久戰

不是支援對方兩三天就完結（係兩三日就完你就唔會咁閉翳 >.<），所以當你想當對方的「長期戰略合作伙伴」，也是要用方法維持自己的韌力。

當你知道自己今天工作已令你疲於奔命，收工可能就要停一停聽對方訴苦，給一句「我愛你但我們明天再議」；
當你知道自己已經陪伴失戀朋友幾天，可能就要給自己放假一天過自己的生活；
當你知道自己已經因為壓力變得心煩多疑忟憎，那除了飲

奶奶口服液，亦要在照顧患病父母親前先撥時間做做瑜伽、照顧心靈、紓緩壓力。

說到底，當主角是我們自己的時間，我們想要的該是 BBQ 大團圓結局，而不是蕩氣迴腸捨身成仁文藝催淚大悲劇吧？

記得那個總是會照顧你感覺的人，提醒他也是需要照顧自己哦！

\# 人際關係必修課
\# 安撫別人系列
\# 安撫人要學
\# 照顧自己更要學
\# 要錫人先要錫自己
\# 你的感覺都很重要
\# 其實你哋真係好好㗎
\# 愛人所以愛到好辛苦
\# 學愛人之餘都要愛自己囉

話說日前有一條瘋傳的片，關於一位情緒失控的乘客與一位 EQ 奇高的的士司機（www.facebook.com/vinzxxd/videos/10163834647235427/），我想講的唔係女乘客有多誇張，甚至如某些人要奚落一番，再外加「青山走犯」這些不知所謂的 comment。（畢竟你唔知人哋咩事，又或是發生了甚麼；你肯定他朝君體不相同？更何況睇得出女乘客都好努力幫自己，你仲想點？）

反而想講的是：

神級的哥與他的情緒安撫法

當我哋又再要限聚，當世界越來越紛亂，難保我哋情緒唔會失控；就算沒有去到歇斯底里，但我們會劫、會失望、會氣餒、會傷心。比起自己照顧自己的情緒，或者更多人想知的是：

如何安撫身邊愛嘅人

但總有好多時候，你見到身邊的人有負面情緒，你都會唔知講甚麼才好。更甚的是，有時你明明想安撫他，但有些說話你講完，他的不快真係變了，不過是變得嬲了。君不見一句激嬲女朋友系列是多麼的盪氣迴腸。你唔知道你衰在哪裡，但總之你就是衰了。「你唔明我啊！！！」是那樣的聲聲入耳，相信你總有被人說過，又或是聽過。然後你不禁會問：「你想我點啫！！！點解細個冇學過點安撫人！點解！！！」

咁到底點做好呢？
小小地寫了四招，不妨試一試用不用得著。第一招：

專心畀反應

的哥示範了何謂專心畀反應；亦即專心去聽對方所說的話。知易行難，其實這個 moment 可能你在睇波中、返工中、打機中。又或是在你下了班趷到娘親都唔認得的時候，你打開門見到你的伴侶一副烏雲密佈、玄壇的樣子，你不禁倒抽一口涼氣，心入面外加兩、三句粗口。

在這個 moment 要你用心聽對方講話，其實一點都不容易。所以一係唔聽，一係就用心專心去聽。你要知道，在一個你都不 ready 的時候去聽別人表達，回應了「難聽過粗口」的說話機會是何其地高。更何況你好大可能令情況更差，甚或令對方將負面情緒遷怒於你。

所以你最好把氣唞順，在你 ready 的時候，停低你手頭上的東西，用心地聽。將你的注意力放在對方的說話，只需要這樣，就已經成功了一半。不妨加多樣殺手鐧，就是在適當的時候配合「# 唔唔」以及「# 嘎嘎」，讓對方知道你用心地在聽，猶如的哥嘅 # 幫緊你幫緊你，自然地你就不會變成天然呆；給人感覺你在發夢，不知有沒有聽。

　　再者，雖然我們都有一顆想成為 Superhero 的心，但不是每一刻都需要幫人解決問題的。所以第一步，只需用心聽，而減少建議，就會事半功倍啦！

　　做得到，已經係成功嘅一半。

人際關係必修課
安撫別人系列
如果我們身邊都有神級的哥
佢好有潛質做我嗰行
有冇人可以介紹佢入行
老老實實真係好多人唔識聽人講嘢
尤其男士
所以真係要學
學安撫身邊人系列

安撫身邊人
 # 好似塊鏡咁？！

除咗 # 唔唔 與 # 嘎嘎，還有甚麼方式安撫他人呢？神級的哥都有做的就是：

好似塊鏡咁

好多人都會問，當身邊的朋友也好、伴侶也好，他們有情緒嘅時候，除了專心去聽他們訴說，以及不要講「你唔好唔開心」這些「難聽過粗口」的說話之外，還可以回應些甚麼。畢竟只是聽，而不回應亦會很尷尬。倒不如試一下，在聽旁人訴苦的時候，好似一塊鏡般，做些「反映」來回應對方。

即係點做

其實就有如你小時候中文堂做過無數次的「重組句子」與「撮寫句子」一樣，將對方講的東西做少少整合，然後重複給對方聽。

　　例如，女乘客同的哥講：「屋企人成日都話我會惹麻煩。」
的哥就總結話：「你成日都惹到麻煩？」

　　又例如你娘親找你呻：「唉，你阿哥咁大個人都冇番個伴，點算啊，個前妻 May 又不知所謂，而家幾廿歲人冇個伴第時點算？」
　　你又可以用總結來回應：「阿哥又係到而家都未有女朋友嘅。」

　　好像有點兒低智，但其實極為好用。君不見政府高官總是這樣，用總結來回應而又沒有提出到甚麼意見。

　　其一，那樣做可以明確地令對方感覺到你認真地在聽他說話。
　　其二，就算我們真的聽不真，對方都可以立刻糾正你所講的東西。例如他會對你說：「唔係啊，我係……」其實有負面情緒嘅時候，最想要的，

不過是有個我哋著緊嘅人願意會聽我哋講嘢
而又唔會 Judge 我哋

其實要做到這一式，真的不需要很特別的技巧，亦不需要很有智慧或是把口喺過油。只要我們肯聽，做就沒有難度。

安撫你老婆又得
安撫你娘親又得

其實不用加甚麼意見，都可以安撫到身邊人。如果你身邊人找你訴苦，不妨用一下這招啦。

人際關係必修課
安撫別人系列
如果我們身邊都有神級的哥
幫緊你幫緊你
其實聽人講嘢好多人都唔識
好多時唔開心都係想人關心下聆聽下啫
真係唔使急住畀意見呢

的哥沒做的安撫方法
 # 道出你情緒

　　的哥用了先前講的「專心」與「總結」，就已經令女乘客感覺良好到落車一刻冷靜了。但其實再高階而又更有效去安撫身邊人的，就是反映對方當時的情緒。

　　就是嘗試一下從對方所說的內容，去了解對方當下的感受，然後說出來給對方聽。這一式，知易行難，特別是當你少留意情緒，就會發覺：

 # 好多時都想直接幫人解決問題

　　其實很多時候，旁人有情緒，那刻最需要的，未必是立刻解決問題嘅方法，而是：

 # 情緒嘅安撫

更何況，我們想到的解決方法，可能對方一早已經想過，不過有自己的顧慮所以覺得行不通。你的建議，在未安撫情緒下，只會令對方又是那句：「你唔明白我囉！」

有心理研究做過，其實當其他人道出我們的情緒時，無論是嬲也好，不開心亦好，那個反應是會立即減弱。不單止是你的怒火降了，是連腦素描情緒的部分都會被安撫而減低活躍度。不過你可能會話：「人心有如海底針，點估啊大佬？！」

但奇就奇在你會發覺，就算你是情緒白痴，不斷估錯，人哋嬲你當成佢唔開心、緊張你當咗嬲又好，是冇相干的。因為只要你第一式、第二式做得好，對方感覺到你關心佢，

佢自己會話番畀你聽佢最真確嘅感受

最終都會達到安撫對方的目的。你睇個女乘客，慢慢地由純粹發洩到表達好大壓力，怕屋企人怪她遲返。一步步在聆聽與反映的步驟下慢慢表達佢自己的感覺與想法。

咁點做呢

其實說的東西真的不用太多，只要試說對方的情緒就可以。最好臨尾的音再高一些，用問題的方式表達，那就可以啦。

例如，的哥可以嘗試道出佢情緒：「其實你好擔心屋企人話你？（問句式高音）」乘客的回應可能是：「唔 X 係啊，我又怕警察上門啊⋯⋯」

男朋友見女朋友整餐晚飯都數算公司的同事，回應：「咁你都真係好嬲⋯⋯」

這類的回應看似容易，做落當然會有難度，特別是要克制我們想即時解決對方煩惱的心。如果你回應女友說：「你咁唔開心不如唔好做啦！」「你同你老闆講啦！」可能下一刻女友即刻嬲咗：「我做到就唔使而家咁辛苦啦！！！」

所以，下次身邊人有情緒嘅時候，不妨試一下講對方的情緒，可能會有意想不到的功效。試完記得讓我知有甚麼困難與感覺啊！

人際關係必修課
安撫別人系列
安撫人其實真係要學㗎
如果我們身邊都有神級的哥
心理學家嘅秘技
好多時唔需要即刻畀咁多意見嘅
如果唔係會有時講啲難聽過粗口嘅嘢
你的反應如何
你的日子也必如何

安撫身邊人最終章
＃又再限聚仲講對錯？！

　　當又再限聚，當連見見朋友食個晚飯都不行的時候，再高EQ 都未免會心情低落，都會有點唏噓。大概這個是香港人又一個共同情緒與感覺吧。當身邊人都分享這種惡頂感覺時，怎麼好呢？

　　也許你會直覺地想說：唔出街你咪忍下囉／留喺屋企又唔會死嘅／啲醫護仲慘過你啦⋯⋯這些所謂安撫嘅說話。其實真係⋯⋯

＃難聽過粗口

　　大概我們都真的關心身邊人，只是那個時候也許你真的不知道該說甚麼。那就別為了要說些東西而講吧！真正要安撫身邊人，不如試試去看對方的情緒和做法背後嘅原因，而給予認同。

其實看到背後的感覺和原因，好多時可能連當時人都未必能體會得到。你有沒有發覺其實大部分人好多時都執著於對錯，而忽略了所謂「錯」事，又或是唔應該的事，背後的動機或原因。其實疫情下每個人都會有點失落，有點想法；但其實大家又不盡相同。而當我們能夠看得到這個原因，繼而把這個原因說給對方聽，自然更能幫對方安撫情緒。

例如，如果你有個朋友視旅行如事業（明明講緊我自己），這幾個月真的鬱鬱寡歡，而你又想安撫他，那就試試：

說出這種心情背後的原因

「你咁耐都冇得飛咪好唔開心，好似冇咗人生意義咁？」

如果我們都能夠望到背後嘅原因，你就會發覺情緒背後的產生是多麼的合理。而當你能夠把理由說出來給對方聽，對方就會覺得「被明白」。而「被明白」往往就是安撫情緒的良藥。君不見為何很多人看完心理總覺得感覺好一些，那很多時就是因為被明白，而這個技巧亦是輔導 101。

又例如，你有個朋友午夜來電，說她 check 男友電話 check 到一些蛛絲馬跡，家下個心囉囉攣，對你說早知「唔 check 好過 check」。好可能你心中即時反應是：「一早叫你唔好睇㗎啦！」但如果我們能夠看得到，「其實當你不安嘅時候係會好想睇男友電話嘅」，而同時講番畀對方聽，可能就比較有效令對方覺得「被明白」，從而令對方覺得有支援。

可能你會問，咁即係對方做錯，我都要話佢冇錯？

咁我們就要分清楚「認同一個行為」，與「認同行為背後存在的原因」之分別。我明白你旅行成癮，不能去是會囉囉攣的，不等於我認為你而家即刻要飛；

我明白不安的時候是會想 check 男友電話，不等於我認同 check 電話係最「正確」同恰當。

其實要令人覺得「被明白」，好老土地說：

不外乎係一份同理心

當我們能夠真正去感受在對方的情緒／環境／資源下，他的行為其實不無原因，而掉轉我們當他的角色時，亦可能會做同一個反應與行徑，那我們就會體諒多一點。

如果我們希望安撫到一個人，那我們都需要：

放低我哋嗰份對與錯嘅執著

不是絕不痛陳利害，只是當一個人情緒到頂的時候，講一大堆對錯道理，其實根本不會聽得進耳朵。而當情緒能夠定回來時，才再慢慢看有甚麼可以改進，方能達到事半功倍的效果。

知易行難，安撫人講了四篇，看似簡單，但其實要靈活運用，是個終身學習的過程，亦未必需要時時做到。只要當身邊人甚或自己有情緒嘅時候，能記到少少，做到少少，或者已經有一個大不同。所以，下次身邊人有情緒嘅時候，不妨試試用這四招吧！

人際關係必修課
安撫別人系列
安撫人其實真係要學㗎
你都係想對方好過點
萬事皆有因
其實我都好 DOWN
對錯真係咁重要嗎
心理學家嘅秘技

支援人哋情緒
有時真係要畀空間的

　　看到身邊人有情緒，在經歷緊張也好、低潮也好，我們大都想兩脇插刀，飛身撲出去拯救對方，但也許有時候，對方首先需要的，

其實是空間

　　上文講安撫人情緒四式，但很多讀者 PM 問，如果你想關心對方的時候，身邊人不想講，那該怎麼辦呢？

　　也許首先我們要知道，情緒與感覺，如同煲劇一樣⋯⋯

每個人都有自己的進程

有一些人喜歡每集一出便馬上收看，然後享受那等待下週看下集的感覺；

有一些人喜歡等到全劇面世才立刻一次過看完，因為討厭等待；

有一些人喜歡前面的集數接著看，到快要完結，最後的幾集卻要珍惜慢慢品嚐。

我們都想有一條鐵定的方程式，遇到失意事情，被上司責備會失望兩天、失戀唔開心需時一星期、親人過身傷心會是一個月等的時間表，那我們便可以知道作為身邊人，第二天該做甚麼反應、第四天又該怎樣行動。

但你會知道這樣的時間表當然不存在。根本每個人的反應、需要的時間都不盡相同。當身邊人有事發生，有情緒的時候，同理心固然重要，能讓你設身處地感受到身邊人的感覺，但我們亦需要記得，

情感上佢唔一定需要我們自己所需要的

你需要對方聽你說話聽你呻，但對方需要的其實是空間去思考消化，因為事情發生太快。

你需要對方提供解決方法，但對方只想要一個樹洞聽他的感覺，因為他早已想過怎解決但感覺很差。

你需要對方讓你靜一下，但對方卻需要別人呵別人咻去調節自己的感覺。

咁點知佢要咩

其實，我們大部分都不是蠢的。縱使我們擺出一副馬明天然呆的樣子，但誰人關心自己、誰人可以提供甚麼支援，我們大概都有一個譜。所以如果身邊人有情緒，我們又真的想關心想幫忙，除了根據過往對他的認識和共同的經歷去給予支持，不妨問一句⋯⋯

有冇咩我可以幫到你
我支持你

身邊人不快，我們當然都會有同感有共震，我們都想事情快些完結，情緒快些平復。但有時候，接納對方需要空間去想自己需要甚麼，亦是關心的一種。畢竟世上有些事情、有些感覺，真的是要自己經歷與消化，而旁人幫到的不多。

也許身邊人最共通又最有力量的支援，就是猶如《溏心風暴》（而家重播睇真係好多金句⋯⋯LOL）的嫲嫲喺大廳⋯⋯

畀佢知道 IGotYourBack

其實這個知道自己 not alone 的感覺是何其重要，亦是面對世間壞事的一枝強心針。所以在自己想立刻飛撲出去之前，不妨問問對方需要的是甚麼吧！

而如果你的朋友都在經歷著一些東西，讓他知道你一直都在，而你亦尊重他的空間，等他有需要時可以找你吧。

人際關係必修課
安撫別人系列
其實支持人仲難過支持自己
自己都仲可以諗到就做
人哋就要睇下係咪真係 Timing 喎
好多時都真係唔啱 Timing
換來一句你唔明我囉
空間的重要性

其實我愛你
 # 係唔怕接收你嘅情緒㗎

世界太多事情發生，單單大件單單甘，我們都好需要一個位，讓自己喘息悠閒下來。除咗要學錫番自己以外，其實我哋亦需要其他人錫番。不過學錫番自己難，

學界人錫番原來更難

大概我們身邊都有一些朋友，不論係私人事，或是面對社會嘅問題，明顯地唔 OK，但他總是會把自己的感覺收起來。當然，有些時候，我們都需要一些時間去處理自己嘅感覺，而亦冇需要時時刻刻搵人幫手。

但有些朋友，唔講、不找人幫忙，不是因為需要空間，而是因為有很多擔心：

「講咪麻煩到朋友。」

「講咗又解決唔到，講嚟做咩？」

「自己唔開心，講完仲累到朋友唔開心。」

Oh come on James，你真心覺得愛你的人會看不出你不開心嗎？研究顯示，我們 90% 的溝通其實都是 Non-Verbal 的。即代表，就算你關菊英般講不出聲，其實你的身體、你的眉頭眼額、你所顯露的感覺，都早已告訴旁人你不 OK。而熟悉你的人怎會 feel 不到，看不出呢？

只不過我們都是國王的新衣裡的街坊，知但我們不作聲。我們不說，因為我們想默默支持。但其實……

愛你就唔怕你煩

其實知道你發生甚麼事，有一個空間讓大家溝通與分享這一份不快，對對、對你愛而又愛你的人，其實都是一份美事。因為情緒本身就是用來溝通，讓身邊人知道自己不 OK，從而令我們感到愛與關懷。說感受，不是單純要解決問題，而是用關懷調節情緒。即如 Kobe Bryant 死了，你是會失落唔開心，而跟你那個 friend 懷緬一番其實是不會令他翻生的，但你與你的朋友感覺都會好一點，係 # 窩心啊

所以，記得跟你愛嘅人說你的感受吧。

人際關係必修課
呵番呵番
Tag 番嗰個你知佢唔開心
但其實你好擔心嘅朋友吧
香港人很累
心也很累
愛自己之餘
都要畀人愛你先得㗎
每日暫停十分鐘
講下你嘅心底夢
情緒處理系列

當我們都失望傷心
那就一齊找愛吧！

　　現在每天十個來看心理的人，八個半都會講到被時局引致不快。不論是因為你覺得不公平、對一直以來的價值觀被衝擊改變而覺得失望，還是因為你與家人朋友政見不同而吵大鑊，或多或少你都因為這樣的時勢而傷心失望。

　　猶如很多人一樣，傷心了，我們都嘗試著避開傷心的源頭。

　　就算不看那些頭破血流的片段，不再聽別人有多錯誤，有多過分，但心還是會不安吧？還是會戚吓戚吓吧？因為即使避而不見，我們還是知道有些事每天都在發生。

　　那做甚麼好呢？要答呢個問題，就係要知道傷心其實有佢嘅功能。我們都是群體動物，傷心的其中一個功能就係同其他同路人溝通，等人哋知道自己受了心的傷，從而關心我哋。

所以當你傷心失意的時候，就去找你愛的人吧。

有很多人會說，對身邊人講，又唔會改變到事情，咁「講嚟做咩」？但其實情緒，很多時間都不一定是要解決問題。反而，情緒的出現就係希望我們去理解佢，找到明白你的人，一同感受呢份不快。

因為我們都需要知道，老土說句：「愛才能撫平失去的傷感。」

甚至未必需要就唔開心嘅事去探討，只是跟愛的人吃餐飯、睇場戲、去下海洋公園，就已經很可能感受到那份愛、那份足夠提醒我們為甚麼能夠承受世間傷痛的愛。

所以，這樣的時局，我們才更應該留給自己一個感受愛的空間，做多些感受愛的活動。

人際關係必修課
香港加油
我們絕不孤單
我們有的是人的能量
去愛吧

#PSY4001
亂世中的生存之道

風雨飄搖的世代
 # 更加要看顧自己情緒

假若你是一個香港人的話,這兩年(唔知你睇緊呢本書嘅時空係幾時,但我其實講緊 2020、2021)對情緒的負荷與挑戰真的不足為外人道。

不論你是甚麼政治取態、不論你是甚麼年紀,這兩年你也許都前所未有地憤怒過、傷心過、失望過、失去過……

五味雜陳的兩年

縱然沒有薩拉熱窩的羅密歐與茱麗葉般悲壯,我們都經歷了許多,對於你的生活亦必會有所改變。可能是突然不再有「飛人」生活(明明講緊自己,有睇開我嘅 page 都知我最愛飛……),可能是不能做 gym 做 spa,甚至失學失業失錢失自信。

你到底點面對呢啲感覺呢

＃ 04

好像沒有人告訴過你，到底該怎樣做。也許你是抽離不看不聽不感受；也許你是理性合理化你的感覺，告訴自己一句「係咁㗎啦」（不過通常個心都有多句「唔係點㗎」）；也許你是苑瓊丹式催眠自己「呢個世界真係美麗、啲空氣真係清新」。這些應該都是你一直沿用面對負面感覺的方法。

＃冇一定要點做嘅方法

但是，有些應對會帶來更大的問題。所以這一節，還望給你丁點指引，絕不是如同陸叔講股票般的必勝法，只是可能令你在這個時勢中能多些面對自己感覺的方式。

我不會告訴你明天一定更好、明年一定開心啲，因為沒有預知能力的我，真的不會知道將來會怎樣。只求我們能不論時代怎樣，都多照顧自己一點。

各位，這本書的最後一課，祝你在亂流下平安。

世上唯一唔變嘅
就係所有嘢都會變

其中一個人生必須領悟的東西，卻又好像沒有人告訴過你的，就是：

所有嘢都會變

我們希望別人錫番自己的背後，都蘊含著一股強烈焦慮，怕別人會回贈不了自己所付出的。而當有些事情真的變了，如果我們還是要抱著事情不會變、不應變的心態，好多時其實是會傷得更入肉入心的。

不論感情也好，事物也好，自己的身材樣貌也好，對於生命美好的事情，當然希望千年如一日。你會希望叮噹不要老，會渴望伴侶一千年與你渡過，會冀求皺紋不出、頭髮不白。在擁有的時候，抱著這樣子的希冀，當然是浪漫的。

但你們都知道，這本書是誠實照妖鏡，就是要告訴你，世界不是韓劇，不是大結局時黑一黑鏡頭，就已經廿年後美滿大結局。希望事物感情恆久遠，當然美麗。但抱著這樣的想法生活，臨床經驗會話你聽：

副產品叫好鬼不安

因為當你察覺到現實與你想不變的開始有距離，當你開始有魚尾紋，開始發覺自己沒了以前的衝勁，感情沒以往的 sweet sweet，朋友亦因人生走在不同的階段而變得疏離，甚至連你住著的城市都一步一步面目全非，你便會開始囉囉攣。

我唔想咁啊
點解喎

最直接的答案、卻又最殘忍的答案，就是：冇得解。

甚麼也是會變的。爭在只是甚麼時候而已。但糾結於為甚麼，其實是最大一個令人抑鬱的結。睇風水也許呃你十年八載，但研究會告訴你，最令人諗完又諗、諗完再諗，而長期猶如醃鹹魚般浸淫在抑鬱情緒中，就是不斷問：「點解？」而偏偏你其實知道，根本冇得解，

就是會變啊

可能你又會問：「咁唔通咩都唔做？任由事情改變？」

親愛的，請你記住世界不是那麼非黑即白（又講，證明幾容易會變得二元……LOL），不單止有做盡與不做，我們固然可以做很多去暫停沙漏；你可以去打 botox、去做回小時候做的，嘗試尋回你年輕的感覺，甚至去責難你嘅伴侶，希望轉個化身共你再蜜運。但是，

我們需要有事情隨時會變的覺悟

做不是不可以，只是，時候到了，就要接受有些仗，全力亦打不勝。猶如我的空少朋友，兩夫妻都做國泰，明明表現良好，又有誰會預料，突然兩人會同時失業呢？你以為 book 了酒席、帖都印好，婚禮便一定順利？誰知我的朋友已等了一年改了三次，還是未嫁出去呢？當然甚麼時候要接受事情回不過來是 case by case，但至少我們要有大眾總愛講的：

心理準備

可能讀到這裡，你已經如卓韻芝「唔好啦」的面口一般，但要知道正因為事情會變，才令我們：

珍惜現在

與其只是期望美好不變，倒不如好好投入當下的美好。因為你我擁有而又能真正捉緊的，其實就只有這一刻。

　　快快捉緊這一刻去愛你愛的人，做你愛的事吧！

那些令你痛苦的人生哲理
一路寫個腦不停播謝安琪最後晚餐
人越忙人越念舊
期望能停住沙漏
偏偏世界急速變奏
時時提自己活在當下

衰得嚟都可以有好
 # 差在你肯唔肯睇到

在你覺得最壞的時候，你覺得最絕望的時候，其實有冇想過當中可能有好的東西？可能你即時的反應是：

 # 呢啲咪呃自己
 # 懶正能量 L

Well，聽清楚先。不是叫你硬要把壞事說成好，硬要把失戀當美事，失業當樂趣。而是很多時候，我們都習慣只睇事情的一面，而看不到同時發生的其他東西，而正正在遺憾與失落中，偏偏存有很多小確幸。

世事人情，其實都會變，好像大家即時想到的，都是好會變壞、珍惜的關係會變質、喜歡的人和事也會消失。但其實我們忘了，世界在這一刻是公平的，因為不單好的，其實，

壞的事都會變

當然，甚麼時候變、變成怎麼樣，除了蘇民峰同麥玲玲可以話你聽外，我們都是不知道的。但猶如你亦不知道幾時你會生 cancer、幾時會有第一條白頭髮同魚尾紋一樣，你只能知道事情總是會變的。

我相信不單我，任何一個香港人，在過往的一年、一個月，甚至一天，都會有過時代很壞、情況很差的感覺，外加有卓韻芝「唔好啦」樣（發現呢個真係萬能 key……係近月 emoji 榜第一位）的一刻。而如同我絕大部分抑鬱的 client 一樣，你的感覺也許是絕望，是明天不會更好。但請你記住好與壞，與喇叭褲、Bob 頭、樓價同日劇潮流一樣，

總會過去亦總會重來

我們需要的是如同宮鬥劇中段女主角一定會被打入冷宮一樣，放長雙眼努力過活，壞事總會變。

可能你又會問：「等到發『MO』都唔知等唔等到喎，到時人老珠黃有鬼用。」你啱啊，所以我們相信事情會變以外，更要：

活在這一刻

老土的概念，但其實亦有研究實證的。君不見近年靜觀（唔知係咩，不妨 Google 下）大行其道，亦有海量研究證明可以減低抑鬱。說的不單是打坐或冥想，更重要的是「活在當下」四隻大字。不是輸打贏要，開心先享受當下；而是不須批判好時光或是壞時代，

當下就是最好的時間

因為只有專注現在，才有機會在像似壞的時間看到美好。不論此刻你覺得有多壞，別只看到還未到的將來；因為你還是能看到淺水灣海岸的絕美夜景，還是能陶醉於限聚前與朋友一飲而盡，還是能享受情人的懷抱。

極其大愛容祖兒的《東京人壽》：
好與差都只不過是個巧合
常在懷疑著以後是重重逆境
你就無謂等雪溶才盡興
完美在這夜擦肩難道你可補領

不要硬說服自己現在很美好，你絕對可以傷心失意，氣餒難過。

但也不要只看到現在不美好，而遺棄忘了此刻值得欣賞的。

快去相約你的朋友活在當下感受美好。
而將來，留待到時東京見。

情緒處理系列
其實係共勉之
呢一年真係唔好啦
做都係唔易㗎
唔辛苦唔得世間財
終於有歌講現在點處世
唔好再叫大家忍淚

疫情下心情要變好
 # 其實係要逼嘅

Let's face the truth.

我們都想要有就咁坐喺度情緒就會變好，人生就會變得美滿的方法。

但如同你會搵到一個又靚又有錢又專一又愛你的人一樣，

成功的機會幾乎係不存在的。

以前日日上班的時候，你會渴望可以讓你留在家中，

但當最近的疫情令大部分人都只能留在家中，

你又會發現你其實不甚快樂。

 # 我們都是賤骨頭

可能是因為你不能做 gym、gel 甲、睇戲、gathering；

可能是天天都要在家中對著平時不甚溝通的家人；

可能是煲完《愛的迫降》《梨泰園》台劇日劇之後已經不知還可以在家中做甚麼；

可能是擔心 no pay 之後是大信封淪為失業大軍；

可能⋯⋯無限的可能。

令我哋擔心，傷心，痛心，唔開心，緊張，憤怒，抑鬱，
我猜我們大部分人都能感受到，以及理解這些感覺的，
但問題是⋯⋯

咁點算

也許是要為自己計劃一下在家的活動，例如 home workout、畫下畫、做下手工、做一些平常沒有時間機會做的事；

也許是要與家人處理一下相處同空間的問題；

也許是要開始上 online course 增值一下找找出路；

但永遠知易⋯⋯當然行難。

我冇動力啊

絕對是 day to day 聽 client 講得最多的其中一句說話。

我們總是覺得要好有動力，好想做一件事，我們才會，甚至才能行動。

但事實是，與結婚生仔一樣，永遠沒有 ready 的時間，永遠都是靠逼出嚟的一股衝勁；

冇錯，是要逼的。

猶如返工一樣，就算再眼瞓，再不想做，你還是會返的；
返著返著，你又可能找到一些意義，一些滿足感，
但更重要的，是你知月尾會有糧出。

不要為了動力而做事，反而是理智上知道有幫助，

逼自己去做吧

很多時候，開始了，反而動力才來。

逼出個未來
你睇幾多人成功逼婚過著幸福快樂的生活就知
動力唔係菇
AU 唔到出嚟的
疫情求生術
儘量啩下啦
情緒處理系列

點解學校冇學過
#失去之後咁點過？

　　當一個個熟悉的面孔相繼離開，就算那不是身邊的人，心還是那麼的戚戚然。會傷心、會害怕、會離過。然而你身邊的人又可能會話，你又唔識佢，難過些甚麼？明明人生一定會經歷的就是失去，明明心會痛會傷，為甚麼我們從小都沒有人教過怎麼面對呢？

　　2020 是撞了邪的一年，不論你是誰，都或多或少失去了一些東西。而更嚇人的是，死亡來得多麼的近。當你以為死亡應該是七老八十，這一年卻好像大巴大巴的告訴你原來不是這樣。當你在唱「叮噹可否不要老」的時候，你大概沒有想過，原來叮噹唔止會老，還會死。你成長一直看的、迷過的，原來都會突然沒了。從看「康熙」所認識的羅妹妹、劉真、小鬼；到上年還在看的竹內結子、三浦春馬；到明明應該 forever 的 Wakanda King 同 Kobe Bryant⋯⋯2020 撞了邪。

也許你與我一樣，

數到這裡已經想哭

但寫這一篇不是為了詛咒 2020，而是想與大家一同過渡失去。如果你有失去過身邊重要的人，你應該明白，那痛是多麼的錐心。你更可能對自己的感覺有一百個黑人問號，因為從小都冇人談死亡與失去；甚至阿媽會叫你問都唔好問，因為不吉利，要吐口水講過。明明係一個必經的過程，為甚麼老是要當不存在呢？

你的感覺好合理

首先我們要知道，當身邊有人離開，就算只是一個你一直看開的明星，你有甚麼感覺也好，其實都是無比正常。不論電視電影都講到快要爛的五個哀悼階段（Five Stages Of Grief）會告訴你，你可能會唔信唔認、會嬲、會講數希望唔係真、會抑鬱、會最後慢慢接受。但其實更多的研究會講，每個人的感覺都是獨特的，而那五個階段只是可能會發生的感覺，不一定會出現、更不一定有特定的次序。所以你沒感覺也好、喪笑然後爆喊也好、唔捨得好想再看多幾次那些回憶也好，其實都是正常的。

所以不需要否定自己的感覺，硬要說你沒有跟他／她有親，憑甚麼不開心。哀傷不是抗疫基金，不用看資格的。你的感覺就是你的感覺，沒甚麼應該不應該。

繼而需要的，便是療傷、便是消化那份痛。

很多人因為太痛，都會逃避；飲酒也好、夾硬叫自己不去想也好，一時當然可以，但如果一直都這樣去處理，猶如我所講，情緒如屬鬼一樣，你唔理佢佢一定會回來搵你。所以就讓自己去想、去講、

去感受那份痛吧

我可以告訴你的是，今次幫緊你幫緊你的，不是的士司機，而是時間。當你願意感受，這份痛就會隨時間慢慢減退與轉化。而「你阿媽是女人」的道理又要再說出來，就是要找能支持自己的人去陪自己過渡這個情緒。當你可以喺容許你喊、容許你不開心的人前表達你的感覺；當你感到愛，這份痛又會再減輕一點。而另一個可能需要做的工夫，就是：

調節自己想法

到底失去了這個人、這段關係，有沒有影響你對自己甚至個世界的睇法呢？例如好多人會覺得人原來那麼化學，會好擔心身邊人也會突然死亡；又可能會覺得沒了身邊人，那個伴侶／子女／朋友的身分沒了，自己就找不到自己，甚至覺得一個人生活不了。這些想法是需要調整的，不妨搵你身邊信得過的人探討一下。

當然如果你久久走不出來，一年兩年還是很低谷，可能真的需要更專業的「心靈通渠佬」。但最重要的還是審視自己的睇法。最後，可以的話，未必一定做得到但可以試下的，就是：

發掘到件事的意義

老土的例子有更加愛身邊的人、好好把握現在還有的，諸如此類。但唔老土的我會說，偶像有戲有演唱會好快啲睇，呢度有文章都快啲睇，因為今日唔知聽日事。可能有些事情會突然終了つづく。我都好難想像我可以成年冇飛過。

也許失去一個人，能使我們學到一點甚麼的話，便不會只有失，還有得，去到最後，我們終於可以捨得。

最近失去太多番外篇
佔有時別怕失去
香港真係冇咩人講死亡
除咗陳偉霖個生前喪禮
我真係細細過就睇竹內結子同松隆子
你畀我唔開心一下
つづく

失去已經夠慘
 # 仲要自己內疚？！

其實失去之後，除了掛念與心痛，最過不了的，是內疚與自責。唔開心是很正常的感覺，但內疚卻非必須。這篇文章，送給那個還在責備自己的你。

上回講到，2020 年我們都失去了很多，所以面對失去的感覺、繼而調節對自己的想法是重要的。失去了你的偶像會痛、會哭、會傷心，但從大家的分享中不難看到，原來你我他都或多或少失去過身邊的人。而這種感覺其實更埋身、更難受。很多時候，因為它還送多了一份：

 # 自責與內疚

到底你心入面鬧緊自己的是甚麼呢？會唔會係一句：

 # 如果我知我就會

如果我知我就會對佢好啲；

如果我知我就會日日同佢傾偈；

如果我知我就會同佢去嗰個講咗好耐的旅行；

如果我知我就唔會發佢脾氣；

如果我知我就同佢講我愛你。

　　說畢這句，買大送細一定是問自己點解當初唔做呢？無數 client（尤其真的是有親人過身的）都會怪自己做漏了、做錯了；而這一份自責被 MaBelle 更加恆久遠、更加永留存。如果哀傷係你想排走的便便，時間就是那幫你沖它走的廁所水，猶如我說，時間會幫緊你幫緊你把苦沖開了便淡。不過，當你還在責怪自己，那份內疚就變成那堆沒公德心賤人（Pardon my language，不過呢啲人真係要鬧）所扔落馬桶的抹手紙，它會把你內心的渠塞住，任再多時間流過，那些便便不單還是沖不去，更可能，

塞爆了你心靈的渠

　　這個時候才找心靈通渠佬，不單修理的時間要長些、貴些（我哋真係收得唔平㗎），更會有一段時間你的心變得有異味，連你自己都可能有點頂不順受不了。

　　那如何清走那些沖不去的自責呢？那就是，就算你不懂得象棋，你都需要知道：

馬後炮是唔應該的

（死啦，突然諗會不會其實係出賣年齡系列，有人真係不知是甚麼意思……

馬後炮 Ma Hou Bao，注釋：你在事情發生後，知道了結果才來怨天怪地，亦即事後孔明。）

也許是因為痛、也許是因為需要一個解釋，失去以後很多人都把自己當成出世高僧，構想一個沒甚麼情緒，

不是自己的自己

例如覺得自己突然變得脾氣很好，哦多久都不發火；又或是覺得自己有二百倍的精力，返完工還是龍精虎猛可以陪人做很多；又或是覺得自己猶如做了一百節心理治療，所有保護殼都突然消失。

不妨問自己一個問題，在當日的那個你，那個根本不知道對方會消失的你，在一切不變的情況下，在你的認知沒有任何改變下，你真的會做不一樣的事情嗎？如果會的話，這才有機會算是你做得不好吧？

更何況，愛你的人真的不知你是怎樣的人嗎？他們真的會預期你會變成不是你的你嗎？如果他們看著這樣痛苦的你，他們又會有甚麼感覺呢？如果你現在把你自責的內容對他／她說，

這樣愛你的人會怎樣回應你呢

到最後，也許你會發覺，絕大部分的自責，其實只是來自不捨，來自很想結局可以不一樣。其實完了，就是完了；有些仗，盡全力亦打不勝。當然我們可以用第二個方式與離開了的人保持精神上的聯繫，但要先放下那份內疚，才能進行啊。

最近失去太多番外篇
如無力挽回要懂得放手
就放下那份自責吧
你不會亦不需要做那個完人
情緒處理系列
我們終將失去的

睇負面資訊如飲酒
 # 係會到頂的

　　從 2019 到 2020，我估大家都有一個改變，就是你的社交媒體由本身充斥著旅行 discount code、朋友食完「米豬連」的 8 道菜成就照，與 KOL 化妝 shopping 分享 PO；變成了如 Bloomberg 或 CNN 般不停 loop 的資訊台。

　　由 2019 年 6 月開始、社交媒體（IG 尚可，尤其 Fb、TG）開始持續地充斥著發洩憤怒不滿、不公平不公義、暴力血腥嘅黃藍藍黃藍藍黃社會運動 PO；到 1 月疫症來襲開始，變成充滿了每日不斷報幾多幾多人感染、死了幾多幾多人、批鬥呢個做得唔夠、抨擊那個做得唔啱嘅疫症 PO。其實到現在⋯⋯

 # 已經一年多了

彷彿我們明明一開始睇緊合家歡《獅子王》，突然每天都強制變成睇《Walking Dead》（我第七個 season 頂唔順放棄了），還要是谷阿莫式撮要最血腥最恐怖的那些情節。

而更重要的是，這個年頭，當社交媒體已經變成生活的一大部分；十個人入面，九個半會答你可以冇電視，但唔可以冇電話。用社交媒體的時間分分鐘多過食飯瞓覺。而當 social media 長期都充斥著這些強烈情緒嘅 PO，亦代表我們長期都睇緊就算不是 18 禁，都係家長指引的三級片。

當長期地被充滿負能量的資訊充斥，長期地被引起不安，再無情的人⋯⋯

其實都係會到頂的
情緒係會負荷唔到的

也許是一種習慣，等位等巴士等廁所我們都要碌電話；也許是我們都怕會 miss out 重要嘅資訊而要 keep 住掃個熒幕，也許⋯⋯我們根本不為意原來浸淫在這樣的情況中太久了⋯⋯但其實，

係咪要來個資訊 break 呢？

強烈推薦 NETFLIX 套《Social Dilemma》，你會發現當資訊控制著你的時候，是否更應畀自己 take 個 break，暫時

遠離這種情緒呢？一日呀？半日呀？做回那些令你靜下來的東西吧。可以係睇 NETFLIX（《StartUp》幾好睇）、可以係打機、可以係去恆生，啊唔係，係行山。不是掩耳盜鈴，當世界如常；而是我們要提醒番自己，世界就算再亂，還是有它的美好。

　　天災人禍，也許避不了；甚或只會越來越多，所以我們更應該照顧好自己，才能有力量去應對，甚或令世界可以有一點點不同。加油吧！

香港人很累
心也很累
其實我好多時都唔想睇落去
但都睇咗
SocialDilemma 真係要睇
儘量唞下啦
情緒處理系列

用愛來給自己
 # 告別壞的一年

　　終於捱到了全年最後的一天，決定寫一個號外，希望你們都可以好好的跟這一年作別。

　　猶如我之前所說，這是撞了邪的一年，不論你是哪種人，就算不是以飛為正職（擺明係講我自己⋯⋯）、不是空姐空少機師、不是醫護、不是開酒吧餐廳舞廳做生意、不是藝術工作者舞台劇演員，我相信這一年都絕對不輕易，因為這絕對是⋯⋯

 # 五味雜陳的一年

　　你也許由年頭為了政局而憤慨和熱血、到年中為疫情而憂心和困惱、為限聚而多了與身邊人的爭執與不快，一直坐著那反轉再反轉的情緒過山車，到了今天，可否請你停一停，問問自己⋯⋯

你還好嗎？

　　不論你的答案是好是壞，這一年所經過的都已經過了，是時候好好整理一下自己的感覺，好好面對自己。如果你一直都有照顧、審視、消化自己的感覺，我真係恭喜你啊（李嘉欣 tone 中……），你幫自己打了好好的心靈防疫針，確保自己在這樣跌盪的世代中的，亦可以保持精神健康好一點。如果你沒有的話，不妨在你看著這篇文章時，停下來，靜一靜，回顧與感受這一年你所經歷的。

　　無論你所感到的感覺是悲傷、無奈、快樂、懊惱、緊張、憤怒，也請你在這年最後的一天、這一個晚上……

用愛來陪伴自己

　　你應該記得我告訴過你，情緒的其中一個作用，就是與別人溝通，令自己在失去時、困難時，得到愛的人支持與安撫。你放心啦，你身邊的人大都與你有同樣的感覺，對 2020 有很多說話（粗咽隻）想講，所以 You Are Not Alone。別害怕成為別人的包袱、負累，在今天就好好和愛的人，不論是家人、是朋友、是同事，或是伴侶，去感受互相支持的力量。做的可以是食炸雞煲 NETFLIX（又睇《Love Actually》）、可以是摸住酒杯講感覺，亦可以是靜靜地享受，

對方仍然與你同在的美好

卡通片都會告訴你，應對邪惡、世上的不美好，除了一句「變 ~~~ 身」以外，靠的不就是「以愛凝聚力量」嗎？縱使不是救世人逃出生天，都是支援自己的好方法。

感激尚存嘅美好

除了感受愛，不妨亦回顧一下今年值得感激的。縱然今年好像吃了 X，但總有過值得高興、感恩的時候。最尾的一天，亦讓自己平衡一點，不只記得今年差的事，還有發生過的美好。用你的方式，不論是講、是寫、是齋諗；在等巴士、爆石中、臨瞓前，找個時間去為自己重溫那些美好。

明年保了壽命，真的沒有誰會肯定有伴侶與東京。明年，亦未必一定更好。但感受著愛，用平衡的方式去看事情去過生活，我們方能更滿足地走得更遠。

年末號外
我的感恩其中是你們的支持與鼓勵
六月至今多謝你們跟我來學這門情緒科
你們的愛常常令我感動連連
唔好嫌我笑得大聲喎
其實想話唔好嫌我嘅 gag 太爛
最後祝你們有愛有平安
2021 我要飛

emotion

無論你所感到的感覺是悲傷、
無奈、快樂、懊惱、緊張、憤怒，
也請你在這年最後的一天、
這一個晚上……

用愛來陪伴自己

書　　　名：點解學校無教過情緒科
　　　　　　Why Emotion Is Not A Subject
作　　　者：崖柏

出　版　社：亮光文化有限公司
　　　　　　Enlighten & Fish Ltd
社　　　長：林慶儀
編　　　輯：亮光文化編輯部
設　　　計：亮光文化設計部
地　　　址：新界火炭坳背灣街61-63號
　　　　　　盈力工業中心5樓10室
電　　　話：(852) 3621 0077
傳　　　真：(852) 3621 0277
電　　　郵：info@enlightenfish.com.hk
亮　創　店：www.signer.com.hk
面　　　書：www.facebook.com/enlightenfish

2021年6月初版
2023年6月六版

I S B N　　978-988-8716-38-8
定　　　價：港幣118元

亮創店